POLITICAMENTE CORRETO
Os Debates Munk

Copyright © 2018 Aurea Foundation
The Munk debate on Political Correctness by Jordan Peterson, Stephen Fry, Michelle Goldberg and Michael Eric Dyson
Published by arrangement with House of Anansi Press, Toronto, Canada and Casanovas & Lynch Literary Agency
Copyright da edição brasileira © 2020 É Realizações
Título original: *Political Correctness: Dyson and Goldberg vs. Fry and Peterson – The Munk Debates*

Editor | Edson Manoel de Oliveira Filho

Produção editorial e projeto gráfico | É Realizações Editora

Preparação de texto | Mariana Cardoso

Revisão | Érika Nogueira

Capa | Raphael Caldeira

Diagramação | Mauricio Nisi Gonçalves / Nine Design Gráfico

Reservados todos os direitos desta obra. Proibida toda e qualquer reprodução desta edição por qualquer meio ou forma, seja ela eletrônica ou mecânica, fotocópia, gravação ou qualquer outro meio de reprodução, sem permissão expressa do editor.

CIP-BRASIL. CATALOGAÇÃO NA PUBLICAÇÃO
SINDICATO NACIONAL DOS EDITORES DE LIVROS, RJ

P829

    Politicamente correto : os debates Munk / Michael Eric Dyson ... [et al.] ; tradução André de Leones. - 1. ed. - São Paulo : É Realizações, 2020.
    104 p. ; 23 cm.

    Tradução de: Political correctness : the Munk debates
    ISBN 978-65-86217-11-7

    1. Politicamente correto. 2. Liberdade de expressão - Aspectos políticos. 3. Liberdade de expressão - Aspectos sociais. I. Dyson, Michael Eric. II. Leones, André de. III. Título.

20-64667   CDD: 323.44
                                                           CDU: 316.334.3:342.7

Meri Gleice Rodrigues de Souza - Bibliotecária CRB-7/6439
02/06/2020 09/06/2020

É Realizações Editora, Livraria e Distribuidora Ltda.
Rua França Pinto, 498 · São Paulo SP · 04016-002
Telefone: (5511) 5572 5363
atendimento@erealizacoes.com.br · www.erealizacoes.com.br

Este livro foi impresso pela Mundial Gráfica em novembro de 2020. Os tipos são da família Sabon Light Std e Frutiger Light. O papel do miolo é o Lux Cream 90 g, e o da capa cartão Ningbo C2 250 g.

Dyson,
Goldberg vs.
Fry e Peterson

POLITICAMENTE
CORRETO
Os Debates Munk

Tradução: André de Leones

É Realizações
Editora

SUMÁRIO

Apresentação
   Uma carta de Peter Munk 7

ENTREVISTAS PRÉ-DEBATE COM O MEDIADOR
RUDYARD GRIFFITHS

   Michael Eric Dyson *conversa com* Rudyard Griffiths..................................11

   Michelle Goldberg *conversa com* Rudyard Griffiths...................................19

   Stephen Fry *conversa com* Rudyard Griffiths..25

   Jordan Peterson *conversa com* Rudyard Griffiths.....................................31

POLITICAMENTE CORRETO

   A favor: Michael Eric Dyson e Michelle Goldberg
   Contra: Stephen Fry e Jordan Peterson..41

ENTREVISTAS PÓS-DEBATE COM O MEDIADOR
RUDYARD GRIFFITHS

   Stephen Fry e Jordan Peterson *conversam com* Rudyard Griffiths 91

   Michael Eric Dyson e Michelle Goldberg *conversam com* Rudyard Griffiths............93

Agradecimentos..95
Sobre os debatedores 97
Sobre o editor...99
Sobre os Debates Munk..101
Sobre as entrevistas..103

APRESENTAÇÃO

Uma carta de Peter Munk

Desde que iniciamos os Debates Munk, eu e minha esposa, Melanie, ficamos profundamente satisfeitos com a rapidez com que eles capturaram a imaginação do público. Desde o nosso primeiro evento, em maio de 2008, nós organizamos o que eu acredito que sejam alguns dos mais excitantes debates públicos sobre política, no Canadá e no exterior. Com um foco global, os Debates Munk abordaram uma variedade de assuntos, tais como intervenção humanitária, a eficácia da ajuda estrangeira, a ameaça do aquecimento global, o impacto da religião na geopolítica, a ascensão da China e o declínio da Europa. Esses temas prementes serviram como munição intelectual e ética para alguns dos mais importantes pensadores e indivíduos atuantes do mundo, de Henry Kissinger a Tony Blair, de Christopher Hitchens a Paul Krugman, de Peter Mandelson a Fareed Zakaria.

As questões levantadas nos Debates Munk não só fomentaram a consciência pública como, também, ajudaram muitos de nós a nos tornarmos mais envolvidos e, portanto, menos intimidados pelo conceito de globalização. É fácil se voltar para dentro. É fácil ser xenofóbico. É fácil ser nacionalista. É difícil rumar para o desconhecido. Para muitas pessoas, a globalização é, na melhor das hipóteses, um conceito abstrato. O propósito dessa série de debates é ajudar as pessoas a se sentirem mais familiarizadas com o nosso mundo em rápida mudança, e mais confortáveis para participar do diálogo universal acerca das questões e acontecimentos que moldarão nosso futuro coletivo.

Não preciso dizer a vocês que há muitos, muitos temas candentes. Aquecimento global, o flagelo da extrema pobreza, genocídio, nossa instável ordem financeira: estas são apenas algumas das questões cruciais que interessam às pessoas. E parece a mim e aos membros do conselho diretor da minha fundação que a qualidade do debate público sobre esses temas vitais diminui na mesma proporção em que aumentam a proeminência e o número de problemas clamando pela nossa atenção. Ao procurar destacar as questões mais importantes em momentos cruciais do debate global, esses eventos não só catalogam as ideias e opiniões de alguns dos mais brilhantes pensadores do mundo, mas também cristalizam a paixão e o conhecimento públicos, ajudando a confrontar alguns dos desafios que se colocam frente à humanidade.

Aprendi no decorrer da vida – e tenho certeza de que muitos de vocês compartilharão dessa visão – que os desafios trazem à tona o que temos de melhor. Espero que vocês concordem que os participantes desses debates desafiam não apenas uns aos outros, mas também cada um de nós a pensar clara e logicamente acerca dos problemas importantes que o nosso mundo enfrenta.

Peter Munk (1927-2018)
Criador da Aurea Foundation
Toronto, Ontário

Entrevistas pré-debate como mediador Rudyard Griffiths

Michael Eric Dyson conversa com Rudyard Griffiths

RUDYARD GRIFFITHS: É um prazer falar com o celebrado autor Michael Eric Dyson. Ele tem na bagagem alguns best-sellers, é professor na Universidade de Georgetown, em Washington D.C., e é apresentador na National Public Radio (NPR), na ESPN e em outras emissoras. Michael, é ótimo tê-lo aqui em Toronto.

MICHAEL ERIC DYSON: Obrigado por me receber.

RUDYARD GRIFFITHS: Este é o grande debate cultural do momento. Tenho certeza de que você não aprova por completo o cânone do chamado politicamente correto, mas quais elementos dela você acha que são indicativos de progresso em nossa sociedade?

MICHAEL ERIC DYSON: Veja, acho que as pessoas tendem a se esquecer de que a esquerda inventou o politicamente correto. Não a ideia, mas a noção de que devemos ser cuidadosos e cautelosos, e não ser sensíveis ou hipersensíveis e exagerados, ou não desculpar certas coisas que estamos fazendo. Portanto, a esquerda criou o conceito, mas ele foi sequestrado pela direita e agora parece significar que tudo aquilo que me deixa com raiva, mas a respeito do que não posso mais ser intolerante, é politicamente incorreto. Não posso te xingar, não posso xingar as mulheres, não posso encarar judeus e muçulmanos, e assim por diante.

Então, não se pode falar mais nada, e tudo é tão "politicamente correto". Bem, você quer estar correto a respeito de um monte de coisas. Se as contas chegam na sua casa com algum erro de cálculo, você vai ficar chateado com isso. Então, sim, nós queremos correção em um monte de coisas. Agora, não há uma medida exata em se tratando de política, mas eu diria que pertenço a um povo que frequentemente argumenta contra o que é convencional, que está fora dos parâmetros de proteção convencionais. Para nós, o politicamente correto soa como as pessoas querendo se agarrar aos mesmos tipos de fanatismos inúteis que costumavam indicar o que fizemos como nação.

A parte útil é ser autocrítico, fazer um balanço, examinar a própria vida e perceber as maneiras pelas quais perdemos, de fato, um senso de desafio. Você sabe, eu leciono numa universidade, então sou crítico em relação a certas circunstâncias nas quais as pessoas ficam tão sensíveis que não podem lidar com questões difíceis.

Suponha que vamos falar sobre algo concreto, como violência policial. Eu dou um alerta de gatilho:[1] "Pois é. Isso mesmo. Vamos lidar com isso". Eu não ignoro a necessidade que os jovens têm de um lugar seguro e de receber advertências, mas acho que a sala de aula é um robusto centro de aprendizagem, e às vezes temos de confrontar ideias que nos desagradam. Eu acredito em falar mais, não menos. Acredito que as pessoas devem combater palavras com palavras.

Claro que isso não significa que alguns discursos não estejam ligados a práticas odiosas e, por si só, não invoquem essas práticas hediondas e detestáveis, mas, na maioria dos casos, penso que confrontar questões difíceis nos ajuda a avançar e a poder dizer: "Bem, aqui está um bom material e nós podemos construir alguma coisa com ele".

RUDYARD GRIFFITHS: Creio que um argumento que você provavelmente ouvirá de seus oponentes é uma contestação dessa ideia de privilégio, privilégio por parte das pessoas que se parecem com seus oponentes, que são brancas ou, em geral, estão mais acima do que abaixo na escala social, e são homens. E se ressentem da ideia de que suas vozes precisam ser, de algum modo, compreendidas no contexto da experiência histórica vivida contra, digamos,

---

[1] No original, *trigger warning*, isto é, uma advertência para que os interlocutores saibam que o assunto tratado a seguir pode servir de "gatilho", isto é, pode remeter a traumas sofridos e desencadear lembranças, sensações e reações dolorosas. (N. T.)

a experiência histórica vivida pela sua comunidade. Como você responde à tensão, à ansiedade e à raiva das pessoas quanto a isso?

MICHAEL ERIC DYSON: Uau! É mesmo surpreendente, hein, que pessoas que se beneficiaram de privilégios agora fiquem irritadas quando alguém chama a atenção delas para isso. Sério? Sabe o que me espanta? Homens brancos, em particular, que chamam estudantes universitários de *snowflakes*.[2] Qual é o homem branco mais *snowflake* que há? Estou só tentando descobrir – tipo, onde? "Não, mamãe, eles não vão deixar a gente usar os brinquedos no parquinho e agora a gente vai ter que compartilhar. Mas os brinquedos são meus."

Você está de brincadeira? Sim, você é um homem branco, saudável e heterossexual. Eu sou um homem negro. Eu estou me beneficiando da minha condição masculina? É claro, porque vivo em uma sociedade predominantemente masculina ou, pelo menos, patriarcal. Não quantitativamente, mas em termos de perspectiva, ideologia e filosofia.

Então, quando ouço homens brancos bancando os *snowflakes*, choramingando e reclamando sobre privilégio – falarei disso hoje à noite, mas agora vou apenas citar aquela grande influência, Keyser Söze,[3] que supostamente disse que a maior façanha do diabo foi fazer com que as pessoas acreditassem que ele não existe. Esse é o privilégio do homem branco. A maior coisa que eles podem fazer é tentar esconder isso: "E aí? O quê, o quê? O que a gente tem?".

Vou te falar o que eles têm: eles administram a maioria dos bancos, a maioria dos países, a maioria das universidades; eles têm benefícios extraordinários. Mas as pessoas entendem errado: a existência de privilégios de homem branco não significa que todo homem branco é privilegiado. Significa

---

[2] Literalmente, "flocos de neve". A expressão *Generation Snowflake* [Geração Floco de Neve] designa os jovens do século XXI que seriam mais sensíveis e suscetíveis às ofensas e menos resilientes do que as pessoas das gerações anteriores. Supõe-se que o neologismo tenha surgido no romance *Clube da Luta*, de Chuck Palahniuk, lançado em 1996. A expressão também aparece na adaptação cinematográfica homônima, dirigida por David Fincher e lançada em 1999. (N. T.)

[3] Misterioso personagem do filme *The Usual Suspects* [Os Suspeitos], 1995, escrito por Christopher McQuarrie e dirigido por Bryan Singer. É em torno da identidade de Söze que gira a reviravolta final do filme. (N. T.)

que você tem uma vantagem, uma mãozinha. Nos EUA, nós tivemos um apartheid, mais conhecido como Leis de Jim Crow.[4] Havia um bebedouro "branco" e um bebedouro "negro", e as pessoas brancas ficavam com a maior parte dos recursos, mas isso não significava que toda pessoa branca tivesse recursos. Não, isso significava que, se você fosse branco, tinha mais chances de ser bem-sucedido.

Mas, num certo sentido, essa vantagem pode tornar as coisas mais difíceis. "Quer dizer que você é branco e *mesmo assim* fracassou? Qual é o seu problema?" Você começa com uma vantagem. Bem, a desigualdade econômica é real, e uma recessão econômica que afeta todo mundo é real. Então, nós sentimos empatia pelos brancos que lutam em posição de inferioridade. Mas, ao mesmo tempo, imagine quais seriam as suas chances se o seu povo sequer conseguisse entrar no jogo. Babe Ruth não acertou mais de setecentos *home runs* contra os melhores jogadores de beisebol; ele acertou contra os melhores jogadores *brancos*.

E agora nós vemos que esses garotos latinos e afro-americanos são tão bons quanto os brancos, e fazem frente a eles. Quando as condições de jogo são iguais e as regras são claras, como Jesse Jackson diz, os brancos têm de encarar um fato: "Oh, nós sempre tivemos do bom e do melhor. Nós controlávamos a competição. Nós nem deixávamos gente negra entrar na escola, em Harvard, Yale e Princeton". Certo?

Então, homens brancos, do que é que falais? Como invocam isso agora? Haverá ressentimento? É claro, mas esse ressentimento indica uma queixa legítima e válida? Não. Vocês estão choramingando. Qualquer um que tiver uma vantagem e for obrigado a desistir dela vai ficar furioso, sabe? Como diz a grande rapper: "Fala pr'eles por que você está fulo, filho".[5]

---

[4] As chamadas Leis de Jim Crow foram legislações locais que impunham a segregação racial nos Estados da região Sul dos Estados Unidos. Promulgadas a partir do final do século XIX por legisladores do Partido Democrata, em reação ao processo de reconstrução pós-Guerra Civil (1861-1865) e à abolição da escravidão, elas perduraram até 1965. A origem do nome diz respeito a uma canção intitulada *Jump Jim Crow*, lançada em 1828, composta e interpretada por Thomas D. Rice, cujo rosto era pintado de preto, caricaturando os negros. Com o tempo, "Jim Crow" tornou-se uma maneira pejorativa de se dirigir e referir aos afrodescendentes. (N. T.)

[5] Tradução livre. No original, *Tell'em why you're mad, son*. O trecho é da canção *Mad*, da rapper norte-americana Rapsody. (N. T.)

Então, sem desrespeito aos meus *confréres*,[6] mas a verdade é que a farsa acabou. Você teve acesso à história do Ocidente por cerca de três, quatro séculos, usou o Iluminismo para justificar seu ataque irracional às vidas das pessoas. Você criou a escravidão. Você criou Jim Crow. O quê, o quê?! Do que é que você está reclamando, certo? Agora a gente tem que compartilhar.

Sabe o cara que matou gente aqui em Toronto – atropelou umas pessoas na Rua Yonge – porque não conseguia arranjar namorada? Entre no jogo! Aprenda a falar com uma mulher. Faça o que resto de nós tem que fazer. Me deixa explicar isso. Eu vou à festa; você me esnoba. Eu volto lá e tento de novo. É assim que a maioria de nós termina se casando. Essa é a natureza do jogo.

Mas, por ser um homem branco, você acha que tem um gás a mais, pensa que tem motivo e razão extras para ter acesso a Raquel Welch. Não, mano, a maioria das pessoas não tem, beleza? Então eu acho aquele argumento bem estreito e vazio.

RUDYARD GRIFFITHS: Outro argumento que você vai ouvir hoje à noite é a ideia de que, ao colocar questões de raça e gênero no centro do debate político e afirmar que a identidade das pessoas emerge por meio de sua raça e seu gênero, você está semeando um tribalismo na nossa sociedade, o qual torna quase impossível a união em torno de objetivos comuns, a busca por propósitos em comum.

MICHAEL ERIC DYSON: Bom, a gente só quer ficar igual aos brancos. Sinto muito, mas queremos ser como vocês todos! Quem começou com isso? Eu não acho que os nativos americanos começaram, não acho que os povos indígenas daqui começaram com isso. Não tenho certeza, mas, quando eu consulto a história, parece que foram os brancos que inventaram a raça. E agora que isso saiu do controle e vocês perderam a narrativa... agora vocês ficam chateados?

Os negros não inventaram a raça. As mulheres não inventaram o gênero. Esses são lagos fabricados pelo homem que sugam e afogam a nossa humanidade. Então, por que estamos colocando raça no meio disso? Porque nós precisamos. "Oh, sinto muito, mas eu estou colocando raça no

---

[6] Em francês no original: "confrades". (N. T.)

meio da conversa porque a polícia continua me matando na rua." Ou: "Na Starbucks, você continua chamando a polícia". Ou: "Se estou fazendo um churrasco, você liga...". Quem está enfiando raça no meio disso? Eu só estou tentando fazer um churrasco!

Ou: "Eu sou um moleque de doze anos em Cleveland, e estou tentando brincar com minha arma de mentira, você chega e em dois segundos me mata". Quem está colocando raça no meio dessa discussão? Agora, o que os seus amigos da direita querem que a gente faça é fingir que essas práticas e esses comportamentos não existem, querem que a gente viva no que Gore Vidal chamou de Estados Unidos da Amnésia – ou, talvez, o Reino Unido da Amnésia, ou os Canadenses Unidos da Amnésia.

Mas não podemos fingir que essas coisas não existem. Não podemos apenas desejar que elas vão embora: "Vamos parar de falar sobre raça e classe social e gênero porque vocês estão nos desunindo". Hein? Branco era uma posição padrão. Ele não precisava sair do armário. Ele não precisava se apresentar como branco. Quando você é dominante, você não precisa se apresentar como tal. Tudo é. Quando você está fazendo isso, as coisas simplesmente são o que são. Como disse a grande filósofa Beyoncé Giselle Knowles ao entregar um prêmio para Colin Kaepernick: "Dizem que o racismo é tão americano que, quando você questiona o racismo, parece que você está questionando os Estados Unidos".

Há uma certa identificação dos Estados Unidos com determinadas práticas, grupos, identidades tribais. O que pode ser mais tribal do que uma cultura que construiu um culto a partir de seu próprio individualismo mítico, suas enormes virilidade e masculinidade? E quando fica patente que essa virilidade é tóxica, deficiente ou incapaz de gerar ideias suficientes para nos sustentar enquanto nação? Bem, isso é uma ideia gasta. Então, o jogo da culpa começa, e justo as pessoas que inventaram o jogo ficam furiosas porque ele saiu do controle.

Mas *vocês* inventaram o jogo. Vocês inventaram o Banco Imobiliário e agora estão fulos porque não têm mais nenhum dinheiro sobrando na brincadeira. Aprendam que essas são as regras. Vocês as criaram. Em todo caso, espero que, ao falar sobre raça ou classe ou gênero ou orientação sexual ou alteridade, procuremos trazer ao primeiro plano a humanidade das outras pessoas.

E, assim, penso que seja extremamente importante reconhecer que raça é algo que os brancos inventaram. David Hume, Immanuel Kant, algumas das maiores mentes filosóficas, mobilizaram sua acuidade filosófica em defesa de suas identidades tribais. E temos Thomas Jefferson que, na Virgínia, durante o dia fazia anotações questionando a capacidade racional do negro, mas, à noite, relacionava-se com Sally Hemings. Suas entranhas superaram sua lógica. Graças a Deus.

A verdade é que, quando observamos a história do desenvolvimento e da evolução de ideia de branquitude e de uma identidade canadense, americana ou europeia, o povo branco tem bastante coisa em jogo. Eles literalmente inventaram essa coisa, e agora que fugiu do controle, e os brancos não estão exatamente se beneficiando disso, eles se queixam – ou exageram sua vitimização.

Outra vez, voltando aos homens brancos que reclamam das pessoas sendo *snowflakes*, nunca vi uma cultura tão marcada pela queixa, uma cultura da choradeira. Eles poderiam ter a sua própria vinícola. Tudo é choro, choro, choro, choro, choro![7] "Borgonha e vergonha" e, você sabe... "Zinfandel"! É tanto choro emocionado que chega a ser assombroso! E eu acho que a gente precisa chamar essas coisas pelo nome.

RUDYARD GRIFFITHS: Bom, você chamou pelo nome.

MICHAEL ERIC DYSON: Obrigado, Rudyard.

RUDYARD GRIFFITHS: Michael, obrigado por vir a Toronto. Vou gostar muito de moderar o debate esta noite.

MICHAEL ERIC DYSON: Eu mal posso esperar, meu irmão.

---

[7] O trocadilho é intraduzível. "Choro", "lamento" ou "lamúria", em inglês, é "whine", cuja pronúncia é parecida com a de "wine" [vinho] – daí o trocadilho com "vinícola". (N. T.)

Michelle Goldberg conversa com Rudyard Griffiths

RUDYARD GRIFFITHS: Estou aqui com Michelle Goldberg, colunista do *New York Times*, autora premiada e comentarista no canal MSNBC e em outras emissoras. Hoje à noite, ela vai falar a favor da resolução. É fabuloso recebê-la aqui em Toronto, Michelle.

MICHELLE GOLDBERG: Obrigada pelo convite.

RUDYARD GRIFFITHS: Então, faça a sua jogada inicial.

MICHELLE GOLDBERG: Certo, e vou dizer isso no palco mais tarde, quando você me apresentou esse tema pela primeira vez, eu hesitei um pouco porque há várias coisas que caem sob a rubrica do politicamente correto que eu não considero progresso. E eu tenho criticado bastante em minhas colunas o *no-platforming*[1] e certos excessos dessa cultura de justiça social que ocorre em alguns *campi* universitários.

Mas o que tornou um pouco mais fácil falar em apoio a essa resolução foram as pessoas com quem debaterei, porque o que Jordan Peterson chama de politicamente correto eu certamente chamo de progresso. Ele descreve quase todos os esforços para retificar ou reconhecer a discriminação contra mulheres ou minorias sexuais ou de gênero como um ataque politicamente correto à ordem natural.

---

[1] *No-platforming* é a prática de impedir que uma pessoa exponha suas ideias e crenças publicamente (por exemplo, em um congresso ou simpósio) por serem consideradas perigosas ou inaceitáveis. Ou seja, é uma forma de censura prévia. (N. T.)

Acho que não é tanto o caso de Stephen Fry. Há, provavelmente, mais semelhanças entre o que pensamos, embora eu discorde, por exemplo, da feroz oposição dele à destruição de estátuas de figuras que hoje desprezamos, apenas porque acredito que as culturas mudam e devemos permitir às pessoas que decidam a quem honrar, celebrar e comemorar.

RUDYARD GRIFFITHS: Hoje à noite você ouvirá um argumento, provavelmente de Peterson e Fry, sobre essa noção de que, no âmago do Iluminismo, no âmago do projeto ocidental, há uma crença na afirmação do indivíduo e da habilidade do indivíduo de definir a si mesmo, de falar o que pensa, e de fazer isso independentemente do mal que isso possa causar a grupos marginalizados. Onde você se posiciona nesse debate?

MICHELLE GOLDBERG: Uma das coisas que serão interessantes é que teremos debatedores de três países diferentes, com três entendimentos muito diferentes do que sejam liberdade de expressão e leis contra os discursos de ódio. Creio ter uma concepção americana liberal da liberdade de expressão, e há leis contra os discursos de ódio aqui no Canadá e no Reino Unido que jamais dariam certo nos Estados Unidos e soam muito estrangeiras para mim.

Não sou uma grande defensora das leis contra os discursos de ódio. Sou uma espécie de libertária civil nesse tópico. Penso que essa dicotomia entre a afirmação do indivíduo e os direitos do grupo é meio que uma falsa dicotomia. Quando você tem discriminação contra grupos, isso impede a capacidade dos indivíduos de se expressarem por completo e realizar seu potencial.

Não haverá direitos para indivíduos mulheres ou negros sem movimentos em prol de grupos que permitam aos indivíduos desses grupos se tornarem pessoas realizadas. E, então, mais uma vez, rejeito a ideia de que há uma contradição entre a liberdade individual e os movimentos em defesa de direitos civis para grupos de pessoas. E eu diria que realmente penso que o *nosso* lado é o lado do Iluminismo, o lado que afirma...

RUDYARD GRIFFITHS: Estamos falando aqui da ideia de dignidade e da promoção da diversidade?

MICHELLE GOLDBERG: A ideia de ser capaz de mudar a cultura, de não ficar preso às estruturas tradicionais do círculo em eterna expansão da liberdade humana: esta é uma ideia iluminista. A ideia de que a ordem social é extremamente frágil e deve ser protegida a qualquer custo, ou quase a qualquer custo, é uma ideia que atravessa a obra do Sr. Peterson e, para mim, está muito mais em desacordo com o Iluminismo.

RUDYARD GRIFFITHS: Você escreveu bastante sobre políticas identitárias. Qual a sua visão da crítica das políticas identitárias segundo a qual, ao colocar questões de raça, gênero e classe no centro da nossa discussão, nós estamos nos despojando da capacidade de encontrar pontos em comum, de desenvolver um consenso compartilhado, de perseguir os mesmos objetivos? Tudo isso é muito tribal e – nas visões de Jordan Peterson e, talvez, Stephen Fry – muito destrutivo.

MICHELLE GOLDBERG: É interessante que você coloque dessa forma, pois, da maneira como em geral se diz nos Estados Unidos, concentrar-se em questões de gênero, raça e, talvez, identidade sexual é que está em contraste com uma política baseada em classes, certo? Quer dizer, não existe política que não tenha grupos opositores ou interesses contrários. Política é isso – o conflito entre grupos opositores. A questão é quais grupos.

A crítica nos Estados Unidos é que políticas identitárias, raciais e de gênero vêm, com frequência, em detrimento da classe social e acabaram prejudicando a coalisão do *New Deal*. Mas, pelo menos do que diz respeito aos Estados Unidos, o problema é que a coalizão do *New Deal* naufragou nos escolhos da raça. Ela desmoronou como consequência do movimento dos direitos civis, então não se pode contornar isso. É preciso enfrentar isso, é preciso encarar isso de frente, a não ser que você se disponha a dizer o tempo todo que os direitos das mulheres e minorias raciais serão subordinados aos dos demais.

RUDYARD GRIFFITHS: Outro argumento que você ouvirá hoje à noite é sobre homens e mulheres, e sobre a discussão que temos no momento em torno do movimento *#MeToo*. Eu esperaria ouvir que vivemos um pânico cultural quanto ao poder dos homens e a suposta sujeição das mulheres. Qual a sua opinião sobre isso, e o que você acha que vai acontecer?

MICHELLE GOLDBERG: Sabe, é interessante. O movimento *#MeToo* começou quando? Em setembro? E em três meses, menos que isso, em poucas semanas, de repente todo mundo estava dizendo: "Ah, meu Deus! Será que a gente foi longe demais?". Mas quando você vê quem, de fato, foi pego, a ideia de que o movimento se tornou uma completa inquisição stalinista é meio exagerada. Quer dizer, para ir preso, Bill Cosby teve que enfrentar dois julgamentos e inúmeras mulheres contando histórias parecidas sobre as formas mais brutais de estupro.

E Harvey Weinstein – sim, ele teve a carreira arruinada, mas só depois de ser acusado de forma crível e reiterada, com provas concretas de pagamentos, por várias e várias mulheres. E as pessoas que perderam seus cargos e empregos – não perderam suas vidas, não perderam a liberdade, perderam o emprego – não foi só por causa de um rumor macarthista, mas, sim, por conta de inúmeras histórias, corroboradas de forma independente por provas concretas.

Mesmo assim, é tão incomum que qualquer homem tenha perdido o emprego. Ou que qualquer pessoa esteja sofrendo as consequências. Isso é algo realmente novo, e acho que é daí que vem o pânico cultural; é o pânico decorrente do fim da impunidade masculina.

RUDYARD GRIFFITHS: Você acha que os homens precisam pensar sobre os privilégios históricos que lhes foram concedidos e, talvez, se não se afastar, pelo menos dar mais espaço para mulheres e outros grupos historicamente desfavorecidos?

MICHELLE GOLDBERG: Na verdade, acho que as coisas que começamos a pedir aos homens talvez sejam um pouco menores do que isso. Por exemplo, nunca exponha seu pênis no trabalho.

Sabe, honestamente, eu sinto que as mulheres não estão pedindo. Elas estão dizendo: "É, imagine que você está participando de um simpósio e só tem outros homens por lá, e especialmente se vocês estiverem discutindo sobre questões das mulheres, talvez seja melhor não fazer isso", sabe? Sinto que há uma diferença enorme entre o que está sendo pedido aos homens e o que alguns homens consideram que está sendo pedido a eles.

E isso é parte do debate de hoje, certo? Acho que os homens que eu conheço, os homens com quem trabalho, estão mais ou menos conscientes e tentam promover mais mulheres, por exemplo, e fazer com que homens e mulheres recebam salários iguais quando desempenham a mesma função, quando têm a mesma importância em uma empresa. Mas não creio que estejamos pedindo aos homens que passem por algum tipo de campo de reeducação stalinista.

RUDYARD GRIFFITHS: Última pergunta, Michelle. Você acha que esse debate pode, em alguma medida, ser reduzido a uma conversa sobre civilidade? Quer dizer, se você olha para o chamado politicamente correto e as pessoas usando essa expressão pejorativamente, muito do que elas criticam tem a ver apenas com atitudes e inclinações em nome de grupos, indivíduos e instituições, para que eles tentem se comportar uns com os outros com um senso maior de civilidade?

MICHELLE GOLDBERG: Sim, acho que algumas das coisas que eles estão pedindo sejam, talvez, um pouco mais de educação. É interessante voltar ao último pânico sobre o politicamente correto, entre o final dos anos 1980 e o começo dos 1990. Naquela época, o que as pessoas realmente achavam insuportável no politicamente correto era que, de repente, você não podia mais se referir aos povos indígenas como *índios* ou xingar alguém de "retardado". E que você não deveria chamar as mulheres adultas com quem trabalhava de "meninas". E isso ficou mesmo entalado na garganta das pessoas, sabe? Você não podia mais fazer piadas com *gays*!

A maioria dessas coisas está agora tão perfeitamente incorporada, ao ponto que nem pensamos mais em usar aquele tipo de linguajar – quer dizer, presumo que não. Nós realmente não nos sentimos oprimidos por não poder usar aquele linguajar; sentimos apenas como essa espécie de linguagem parece cruel e um tanto retrógrada.

Acho que algo parecido está acontecendo agora. Algumas dessas mudanças parecem antinaturais para as pessoas; elas meio que ficam entaladas na garganta. As mudanças que funcionam e têm utilidade social serão incorporadas com perfeição à linguagem, e as que não funcionam vão desaparecer, assim como desapareceram as exigências mais exageradas de épocas anteriores de agitação política.

RUDYARD GRIFFITHS: Michelle, muito obrigado. É ótimo recebê-la aqui em Toronto. Estamos ansiosos por sua participação no Debate Munk desta noite.

MICHELLE GOLDBERG: Muito obrigada.

Stephen Fry conversa com Rudyard Griffiths

RUDYARD GRIFFITHS: Agora conversaremos com Stephen Fry, ator, comediante, vencedor de um prêmio Emmy – a lista só aumenta –, poeta e, esta noite, um debatedor. Stephen, é ótimo recebê-lo aqui nos Debates Munk.

STEPHEN FRY: Obrigado, Rudyard. É um prazer.

RUDYARD GRIFFITHS: Por que um manifesto defensor dos direitos LGBTQ+ vai participar desse debate, discutindo do mesmo lado que Jordan Peterson?

STEPHEN FRY: Eu vim porque acredito que seja muito importante tentar ressaltar que nem toda retórica anti-PC[1] é propriedade da direita. Eu me caracterizo como um esquerdista brando – um esquerdista flácido, balofo – não um socialista progressista que vai às ruas marchar, mas alguém que sempre tende a uma perspectiva liberal.

    E eu tenho consciência do quanto essa perspectiva está sob ameaça e também do fato de que ela é encarada pela nova direita como aquilo que está no comando. Nós, que éramos os intrusos batendo à porta, subversivos e transgressores dizendo coisas impertinentes e se recusando a seguir as regras das autoridades, agora estamos em risco, sobretudo na academia, que hoje parece ser o campo de batalha. Não trabalho na academia, mas tenho familiaridade com ela, passei bastante tempo e tenho muitos amigos lá. Se antes era um campo de batalha no qual a esquerda tentava se infiltrar, agora é a direita que tenta fazer isso.

---

[1] Sigla para politicamente correto. (N. T.)

Pelas mesmas razões que a esquerda podia fazer aquele alvoroço e gritar e fazer manifestações e por aí afora nos anos 1960 – você sabe, depois de 1968 –, é importante que a direita também possa fazer isso hoje. Afinal, se as pessoas dizem que o propósito do politicamente correto é celebrar a diversidade, então a diversidade deve incluir diversidade de opiniões. Se não incluir, é algo sem sentido.

RUDYARD GRIFFITHS: Quais os outros elementos do chamado movimento politicamente correto você acha que estão minando nosso senso de eficácia compartilhada, uma cultura que celebramos por conta de sua abertura?

STEPHEN FRY: Na verdade, o aspecto da liberdade de expressão é importante, mas não é isso que eu enfatizaria aí. De todas as coisas que eu odeio no PC, estilística e visceralmente – hipocrisia, piedade, arrogância, ressentimento, raiva, ortodoxia, acusações, denúncias, *shaming*...[2] Tudo isso é desprezível, e não estou dizendo que aceito nada disso, mas essas coisas não são tão importantes pelo simples fato de que não funcionam. É isso que eu enfatizaria. Elas fazem o *oposto* de funcionar. Elas recrutam soldados para a direita.

Basta um pouco de imaginação para pensar em um jovem branco de dezoito anos indo à universidade. Digamos que seja alguém confuso e não necessariamente *woke*[3] em termos políticos. O que ele vai pensar de toda essa estridência e esses gritos de "privilégio branco" aqui e "heteronormativo" ali, e toda essa conversa fiada cheia de jargões? Isso é tão estúpido. Acho que o ponto é esse; é tudo tão burro.

No xadrez, que eu costumava jogar, há um velho ditado. Acho que foi Max Euwe, um dos jogadores holandeses, quem disse: "A melhor jogada no xadrez não é a melhor jogada do xadrez; é a jogada que seu adversário menos quer que você faça. Essa é a melhor jogada". E isso remonta até a *Arte*

---

[2] Em tradução livre, "humilhação", mas o termo se refere a um tipo particular de humilhação, aquele feito sobretudo nas redes sociais, quando uma pessoa é ridicularizada por causa de seu peso, suas crenças, sua sexualidade, etc. Como o termo já é amplamente utilizado assim pela imprensa e nas redes sociais, optei por não traduzi-lo. (N. T.)

[3] O termo *woke* [desperto] tem sido usado para designar as pessoas que atentam para as questões políticas e sociais do nosso tempo, isto é, que são ou se tornam "conscientes". A exemplo de *shaming*, optei por deixar a palavra em inglês porque ela é usada dessa forma nas redes sociais e em outros lugares. (N. T.)

da Guerra, você sabe. É preciso se colocar no lugar da pessoa que você quer persuadir ou derrotar.

E não acho que o PC faz isso. Acho que o PC, como eu disse, não passa de um sargento recrutador. Acho que, se tivesse dezessete ou dezoito anos agora e estivesse indo para a universidade, eu pensaria: "Que se dane". Quer dizer, sou naturalmente alguém do contra, como Christopher Hitchens, um transgressor por natureza. Quero agitar as coisas, quero discordar do que considero ortodoxo – sou heterodoxo – quase que por uma questão de orgulho. Você tenta não seguir a corrente, você tenta lutar sozinho.

Então, acho que para a esquerda, se ela quer conquistar tudo o que deveria, é uma questão de como se atinge o objetivo maior de tornar a sociedade mais tolerante, não de prescrever o uso da linguagem e forçar as pessoas a usar frases desconfortáveis e idiotas. E espero não precisar repetir que sou contra homofobia, transfobia, islamofobia, xenofobia, todas as fobias... contra o fanatismo, o racismo e todas as formas de intolerância.

Um dos maiores erros da esquerda é subestimar a esperteza do inimigo, por assim dizer. Pode ser que os Trumps desse mundo não leiam os mesmos textos liberais sagrados sobre arte que nós consideramos os tijolos da construção de uma inteligência, mas isso não significa que eles não sejam astutos e inteligentes. De verdade. É tão estúpido subestimá-los, como a história nos mostra – é realmente uma burrice.

RUDYARD GRIFFITHS: Um dos argumentos que, sem dúvida, você ouvirá hoje à noite é que existem objetivos sociais diferentes. Liberdade de expressão – a afirmação da escolha individual – talvez seja um, mas as pessoas também dizem que vivemos em sociedades muito mais diversificadas e complexas. A inclusão deveria se sobrepor[4] a algumas das...

STEPHEN FRY: É, eu sei. É uma pena que você não possa mais usar a palavra *trump*. Teremos de encontrar um novo verbo.

RUDYARD GRIFFITHS: Há quem diga que a inclusão deveria ser o objetivo principal das instituições, talvez até das sociedades, pois, ao unir as pessoas por

---

[4] Griffiths usa o verbo *to trump*, que significa "superar", "sobrepor", daí a piada feita por Fry a seguir. (N. T.)

meio do respeito à diversidade e à diferença, construiremos sociedades mais saudáveis e fortes. Você conhece o discurso.

STEPHEN FRY: Eu conheço, e é claro que ele está certo. Mas se você acha que isso se faz forçando as pessoas a, por um lado, usar uma linguagem e reconhecer uma hermenêutica pós-estruturalista despropositada, ou, por outro, apenas alimentar uma esperança frouxa... Não acho que seja por aí.

Sabe, vamos apenas levar em conta a sagacidade humana e ver o que acontece. Lecionei numa escola antes de ir para a universidade – apenas um trabalhinho enquanto estava no meu ano sabático –, e foi mais ou menos na época em que se decidiu que a palavra "aleijado" não seria mais usada, mas "deficiente". E isso estava nos jornais; foi um dos primeiros exemplos de politicamente correto. Estou falando de 1979, por aí.

E eu me lembro dessas crianças na escola. Uma delas caiu e as outras apontaram para ela, dizendo: "Deficiente!". Você imediatamente coopta a palavra para o seu senso de humor maldoso, e com razão. Acho isso louvável, sabe. E, como *gay*, não me importo se alguém quiser gritar "Bicha!". Sei que deveria, mas deveria em nome das pessoas que são mais fracas do que eu, e acho isso uma das coisas mais condescendentes do mundo.

Cresci exatamente com esse tipo de politicamente correto, que na época era uma espécie de politicamente correto religioso – gente reclamando de programas de televisão por causa de palavrões, violência ou nudez. As pessoas diziam: "Eu mesmo não fico chocado, mas é pelas mentes jovens e vulneráveis, sabe". Ah, que se foda! Isso não é satisfatório, não é mesmo.

E essa é a minha objeção. É essa denúncia feita do púlpito. A Rússia tem o politicamente correto, só que lá isso significa que você não pode dizer que Tchaikovsky era *gay*.

Você sabe, existe um politicamente correto da direita. Usar a palavra "caipira"[5] é considerado ofensivo, e assim por diante, então não é uma coisa que, na verdade, seja exclusiva de um dos lados. É uma forma de acabar com o debate. É uma maneira de oficializar. Quer dizer, você só precisa ler *O Zero*

---

[5] O termo originalmente usado por Fry, *redneck*, designa homens brancos e pobres que vivem no interior e são usualmente apontados como racistas, ignorantes, misóginos e por aí afora. São caipiras, mas não quaisquer caipiras, como se vê. (N. T.)

e o Infinito[6] para ver isso em sua forma mais extrema. Sempre começa com um ideal e um objetivo esperançoso – igualdade social, como o comunismo começou, ou a Revolução Francesa, igualdade, fraternidade, liberdade, todas essas coisas maravilhosas.

A Revolução Francesa terminou com o Comitê de Segurança Nacional, que aprovou uma lei. Ela dizia que você podia pegar um pedaço de papel, escrever algo como "*Citoyen* du Roque é um inimigo da Revolução", pregá-lo em um poste na praça central, e aquela pessoa seria presa. É basicamente a mesma coisa que tuitar isso; é exatamente a mesma ideia. É uma denúncia, um *shaming* sem provas, uma alegação.

E todas essas coisas são feitas pelas melhores razões possíveis. Como Thomas Cranmer, autor do *Livro de Oração Comum* – você sabe, o fundador da Igreja Anglicana, na verdade –, disse: "Não há nada concebido pela inteligência humana que, com o tempo, não tenha sido, em parte ou por completo, corrompido". É muito fácil dizer quão nobres são os ideais, porque eles são sempre nobres. Mas isso termina com os porcos usando calças, para usar uma expressão orwelliana.

E foi isso que aconteceu. Em essência, a esquerda venceu a batalha pelo campus, e agora são esquerdistas de meia-idade, *baby boomers*, que controlam a coisa. E eles estão de calças, dizendo o que é verdade e o que não é verdade, o que é aceitável e o que não é aceitável. Em nome da diversidade, da inclusão, da igualdade e de tudo o que é bom, um monte de coisas ruins está sendo feita.

E isso está atrasando o dia em que haverá mais inclusão e diversidade para as pessoas, acredito. Este é o problema: estão empoderando o inimigo.

RUDYARD GRIFFITHS: Última pergunta, Stephen. Onde você acha que esse debate vai parar? É uma espécie de paroxismo que vai passar da mesma forma como o debate do final dos anos 1980 e do começo dos 1990 nos *campi* universitários?

Você poderia até perguntar: "Veja, existem reverberações de 1968?". Ou você acha que algo muito mais fundamental está acontecendo, que um novo tribalismo está emergindo na sociedade?

---

[6] Romance de Arthur Koestler originalmente publicado em 1941. A história se passa em um país governado por uma ditadura totalitária. O protagonista, Rubashov, é inspirado nos líderes bolcheviques assassinados por Stalin durante o Grande Expurgo, na década de 1930. Há uma recente edição brasileira lançada pela Amarilys, com tradução de André Pereira da Costa. (N. T.)

STEPHEN FRY: Não sei. Desisti de qualquer confiança na capacidade de prever o futuro. Eu não poderia prever três anos atrás o que o mundo se tornou agora, certo?

E não estou sozinho nisso. Ninguém poderia e ninguém previu. E, mesmo entre as pessoas que fingem ter previsto, mostre-me o artigo que elas escreveram sobre o estado em que o mundo se encontraria agora. Ninguém fez isso. E quanto mais rápido e mais complexo fica, mais imprevisível se torna – mais caótica, mais turbulenta, mais não linear fica a equação, se preferir.

Então, é muito difícil prever. Eu apenas diria que, dentro da turbulência, há ciclos e assim por diante. Acredito muito na ideia romana de *Rota Fortunae*, a roda da fortuna. Eu consigo me lembrar de quando Tony Blair no meu país, Clinton nos Estados Unidos e social-democratas ao redor da Europa estavam totalmente no poder. Era uma coisa inquestionável e, ao que parecia, inevitável que aquele seria o caminho da política – em algum lugar da centro-esquerda, e às vezes na centro-direita.

Mas a roda girou, e agora essas pessoas estão lá embaixo, e o que está no topo é o oposto delas. Mas acredito que isso significa que o que está no topo também está descendo, então, nesse sentido, não sou tão pessimista. Acredito nos seres humanos e na humanidade.

A melhor coisa que poderia acontecer com o tribalismo e o nacionalismo seria, é claro, uma invasão de outro planeta. Seria a mesma coisa de quando os primeiros astronautas olharam lá de cima para a Terra e disseram: "Deus, o mais estranho é que não se vê nenhuma fronteira". Não há nenhum paralelo 49 visível. Não há fronteira entre Alemanha e França, ou entre Rússia e China. É tudo uma massa terrestre só.

Similarmente, se marcianos ou venusianos nos atacarem, de repente não nos preocuparemos mais com: "Ah, mas você é católico". Ou: "Você é um judeu". Ou: "Você é muçulmano". Quer dizer, por favor – é disso que precisamos: uma causa maior para abraçar.

RUDYARD GRIFFITHS: Stephen, muito obrigado pelo seu tempo. Estamos ansiosos pela sua participação no palco hoje à noite.

STEPHEN FRY: Obrigado, é um prazer.

Jordan Peterson conversa com Rudyard Griffiths

RUDYARD GRIFFITHS: Agora, o nosso convidado é Jordan Peterson. Ele leciona Psicologia na Universidade de Toronto, é uma sensação no YouTube e autor do best-seller mundial *12 Regras para a Vida: Um Antídoto para o Caos*. Fale sobre os últimos anos. Você tem circulado bastante.

JORDAN PETERSON: Sim. Desde outubro de 2016, acho, são basicamente escândalos e entretenimento sem parar, mas, para mim, também uma quantidade tremenda de coisas boas. A maior parte disso tem aparecido na mídia, eu diria, como uma questão política, mas não é uma questão política para mim. Eu tenho me concentrado mais em um trabalho psicológico em nível do indivíduo, que é o âmbito mais apropriado para mim, uma vez que sou psicólogo clínico.

E estou fazendo essa turnê agora. Acho que já falei em 26 cidades e há, creio, outras sessenta à espera. E é, talvez, uma pessoa a cada trinta com quem falo após os eventos que tem qualquer coisa política para comentar; o resto está inteiramente focado nas minhas palestras e no livro, e nas tentativas de colocar suas vidas nos trilhos, repito, num nível individual.

Então, até onde eu sei, isso é uma coisa muito boa. É raro, atualmente, o dia em que saio e não sou abordado por quatro ou cinco pessoas – não importa onde eu esteja – e todas elas dizem a mesma coisa. Todos são muito educados e receptivos. Não tive nenhuma interação negativa com o público. Muito pelo contrário.

Eles dizem que têm assistido às minhas palestras, e que eram infelizes em seus relacionamentos ou não iam bem em suas carreiras, ou que estavam na pior por uma razão ou outra, e que ver e ouvir o que eu tenho dito os ajuda bastante. E, bom, isso é fantástico.

RUDYARD GRIFFITHS: Como você acha que as coisas sobre as quais tem escrito e pensado, e a reação das pessoas a elas, estão ligadas ao debate de hoje? Porque você tem falado bastante sobre o tópico do politicamente correto.

JORDAN PETERSON: Bem, não sou fã da esquerda radical, então as pessoas podem dizer: "Então você apoia a extrema direita?". Só porque eu não apoio a esquerda radical não significa que eu apoie a extrema direita. Essa é uma proposição absolutamente descabida. Mas as universidades, sobretudo as ciências humanas e sociais, estão totalmente dominadas pelo pensamento esquerdista. Isso está bem documentado por pessoas como Jonathan Haidt; não é fruto da minha imaginação.

E eu considero a doutrina que os une inescrupulosamente perniciosa. É basicamente uma doutrina coletivista. E aqui vai o que me deixa perturbado em relação a isso. Existem todas as razões para que haja uma esquerda; por um lado, você precisa da esquerda porque ser esquerdista é, em parte, uma questão de temperamento; isso não vai desaparecer. E também porque, quando a nossa sociedade produz hierarquias, coisa que ela inevitavelmente fará, as pessoas tendem a se amontoar na base. É da natureza das hierarquias produzir isso como consequência.

E isso significa que as pessoas espoliadas pelo arranjo hierárquico precisam de uma voz, e essa voz é a esquerda, obviamente, o que é legítimo. Mas, assim como a direita pode ir longe demais, a esquerda também pode ir longe demais. No entanto, quando a esquerda vai longe demais, isso é algo muito impreciso, o que para mim não é aceitável. E penso que ela foi longe demais nas universidades.

E, até onde eu sei, não há nada de útil no pastiche pós-moderno e neomarxista que constitui a filosofia radical esquerdista que agora está na base das ciências sociais e humanas. Isso *não tem nada a ver com compaixão; não tem nada a ver com a minha falta de... como você diria?*

RUDYARD GRIFFITHS: Empatia?

JORDAN PETERSON: Precisamente. São questões completamente distintas. E aí está outra coisa que realmente me incomoda no politicamente correto.

É como: "Bem, nós estamos fechados com a empatia". Em primeiro lugar, empatia não é o bastante. Não está nem perto de ser o bastante, e um excesso de empatia pode gerar coisas terríveis. E, em segundo lugar, não, você não está fechado com a empatia, e aliar isso a uma filosofia que basicamente reduz as pessoas à sua identidade por meio da associação delas a um grupo, e então ler não só a situação atual como a própria história como um campo de batalha entre grupos competindo entre si, penso que isso seja perigoso. Acho que, se você estudou um pouco de história, é óbvio que isso é perigoso.

RUDYARD GRIFFITHS: Um argumento que, com certeza, você ouvirá esta noite é a ideia de que pessoas privilegiadas como nós usufruímos historicamente da sociedade por causa da nossa raça, nossa classe, nosso gênero – e que é hora desses privilégios serem compartilhados de forma mais igualitária com grupos que foram historicamente desfavorecidos.

JORDAN PETERSON: Esse é um bom exemplo da confluência entre empatia e ideologia. Para começo de conversa, a maioria tem privilégios em qualquer sociedade. Esse é o objetivo de uma sociedade: criar um sistema em que o grosso das pessoas possa se sair bem, e então incluir proteções para as minorias. Portanto, misturar isso com raça não é aceitável. É uma espécie tóxica de passe de mágica, e isso é extraordinariamente perigoso.

Além disso, é uma reivindicação vazia. Alguns têm vantagens que outros não têm. Bem, isso é óbvio. E se você destacar uma pessoa da infinidade de categorias em que está inserida, você vai descobrir que, em algumas dessas dimensões, ela está se saindo melhor do que outras pessoas, às vezes por razões muito arbitrárias, e, em outras, está se saindo pior.

A parte seguinte disso é: bem, em termos históricos, sobre que período de tempo você está falando precisamente? Você quer dizer que meus antepassados eram privilegiados há 150 anos, e que agora eu devo pagar por isso? E você tem assim tanta certeza de que eles eram privilegiados? Até onde eu sei – tome meus avós paternos como exemplo –, meu pai viveu em uma cabana de madeira de três cômodos até os cinco anos de idade. Minha avó era faxineira em fazendas da região central de Saskatchewan na década de 1930. Ela cozinhava para debulhadores. Ela cortava pilhas de lenhas que eram tão grandes quanto a maldita cabana para sobreviver ao inverno. Então, onde está o privilégio? Vejo que isso se volta contra mim em consequência da minha raça. Ah, compreendo. Então agora a gente vai discutir sobre raça, não é?

E esse é o problema com a esquerda tóxica: tudo se resume a identidade de grupo. Então, vamos levar o argumento mais além e dizer, ok, bem, de uma perspectiva histórica, por causa da cor da minha pele, eu sou privilegiado de forma diferente. E daí? Agora você vai fazer todo mundo pagar por alguma iniquidade histórica com base em sua raça?

E você vai encarar a história dos relacionamentos entre homens e mulheres como algo fundamentalmente baseado na opressão? É assim que vamos encarar isso, e não que homens e mulheres cooperaram no decorrer dos tempos para sobreviver à catástrofe basilar que sempre caracterizou a história? Não foi isso que aconteceu, a despeito do fato de que, em 1895, uma pessoa típica do mundo ocidental vivia com menos de um dólar por dia, segundo os padrões de hoje, o que está bem abaixo das diretrizes atuais das Nações Unidas para a pobreza abjeta? Vamos revisitar isso e dizer, "não, de verdade, a realidade fundamental do mundo era que os homens oprimiam as mulheres"?

RUDYARD GRIFFITHS: Isso me leva a um segundo argumento que, sem dúvida, você ouvirá hoje à noite, qual seja: os homens precisam examinar seus privilégios; a ideia de que entre as mulheres em particular – o movimento *#MeToo* – tem surgido uma consciência, um despertar em relação ao poder das mulheres na sociedade, e que chegou a hora disso ser reconhecido. Qual será a sua resposta?

JORDAN PETERSON: Em primeiro lugar, quando a discussão é sobre poder, isso imediatamente me dá um calafrio na espinha, até porque parte da doutrina pós-moderna, sobretudo em sua aliança com o neomarxismo – que é a aliança mais esquisita do mundo, pelos meus cálculos –, afirma que tudo é sobre poder. E eu não acredito nisso. Penso que as hierarquias só têm a ver com poder quando já se transformaram em tiranias, e não creio que as hierarquias fundamentais que caracterizam o Ocidente sejam tirânicas, comparativamente falando.

Comparadas às paradisíacas hierarquias da imaginação utópica, sem dúvida elas são exemplos do inferno mais puro, mas, comparadas a todo o resto que há no mundo hoje, e a todas as outras hierarquias no decorrer da história, nós estamos nos saindo muito bem.

E o fato de que, uma vez que desenvolvemos controles de natalidade confiáveis, coisa que só aconteceu para valer nos anos 1960, as mulheres foram radicalmente mais bem recebidas – embora também contestadas, mas em geral mais bem recebidas – em toda posição de autoridade e competência que puderam ser abertas a elas, ao ponto de que hoje elas correspondem a quase três quartos dos estudantes de ciências sociais e humanidades. Elas dominam os campos da saúde.

Então, o quão rápido você acha que vai acontecer uma transformação? O argumento é: bem, isso jamais ocorreria sem pressão política. Não... sinto muito. O que desencadeou isso foi controle de natalidade confiável. Foi o que tornou possível. Foram o controle de natalidade confiável, a higiene menstrual confiável e todas essas coisas que ninguém jamais leva em conta que abriu o campo de jogo. E tudo mudou por completo em o quê, cinquenta anos? O quão rápido você acha que essas coisas podem acontecer?

RUDYARD GRIFFITHS: Bom argumento.

JORDAN PETERSON: E eu certamente não me oponho à igualdade de oportunidades. O que precisa haver de errado com alguém para ser contra a igualdade de oportunidades? Mesmo que você seja egoísta – se você não está à solta por aí só querendo destruir, mas é *apenas* egoísta, digamos –, qualquer pessoa com bom senso seria a favor da igualdade de oportunidades porque isso, pelo menos, oferece a possibilidade de explorar o maior número possível de pessoas qualificadas e talentosas.

E igualdade de resultados, bem...

RUDYARD GRIFFITHS: Vamos guardar essa para o debate de hoje à noite. Última pergunta, que estou fazendo a todos antes do evento: onde você acha que esse debate vai parar? Você acha que estamos em uma espécie de espasmo cultural ou acha que há algo mais fundamental acontecendo, um novo tribalismo, uma nova série de antagonismos que vamos demorar muito mais para resolver? O que você acha?

JORDAN PETERSON: Acho que vai depender da forma como nos comportarmos nos próximos dez anos, porque acredito que as coisas poderiam melhorar bastante em toda parte, e bem rápido. Ou nós poderíamos degenerar de volta aos tribalismos idiotas do século XX.

Eu diria que há muita pressão para ambas as direções. Sabe, fico sensibilizado pelo fato de que tantas pessoas estejam levando a sério o material sobre psicologia que tenho oferecido on-line e fazendo o possível para se recompor.

Fico desapontado pelo fato de que virtualmente tudo hoje é transformado em um argumento político polarizado, e parece não haver compreensão do fato de que nem tudo é político. Na verdade, não acho que a discussão sobre politicamente correto seja política. Penso que ela seja teológica e filosófica, mas é sempre, ou com frequência, apresentada em termos politizados, sobretudo porque, se você é influenciado pela radical ideologia esquerdista e coletivista, esse é o único campo de ação. Tudo se resume a hierarquias atacando as gargantas umas das outras e fazendo jogos de poder.

A coisa da liberdade de expressão é realmente interessante porque, na esquerda radical, não existe discussão sobre liberdade de expressão. Você não pode ter uma discussão sobre liberdade de expressão daquela posição ideológica porque lá não existe tal coisa. Tudo o que há são aqueles que manobram por poder em seus grupos respectivos, fazendo reivindicações que os beneficiam. Aí está o axioma básico do sistema interpretativo.

Então, a razão pela qual a liberdade de expressão se tornou politizada é que, se você adota o ponto de vista coletivista, ela é um xibolete, uma fantasia. Você pode achar que está falando livremente, mas não está; você só está expressando seu privilégio.

RUDYARD GRIFFITHS: Falando em benefício do meu gênero, da minha classe, da minha raça.

JORDAN PETERSON: Com certeza. E, sim, uma das coisas sobre a insistência pós-moderna na identidade que eu acho cômica de um jeito muito, muito sombrio é a emergência da interseccionalidade, pois os teóricos da interseccionalidade identificaram o calcanhar de Aquiles da perspectiva coletivista. O que eles disseram foi: "Bem, digamos que nós cobrimos os grupos padrões" – não sei por que são esses os grupos padrões, mas digamos sexo, etnicidade e raça, para efeito de argumentação –; bem, e o que dizer da forma como eles interagem? Quer dizer, sim, e quanto a isso? E quanto ao fato de que gênero é algo infinitamente diferenciado, sobretudo do ponto de vista da esquerda? E quanto ao fato de que há inúmeras variantes étnicas? O que vocês vão fazer? Vocês vão controlar as interações entre todas elas? E a resposta é sim, é isso que vamos tentar fazer antes de desistir da nossa ideologia. Mas o cerne da questão é que a razão pela qual o Ocidente optou, para começo de conversa, por uma perspectiva individualista é que nós descobrimos, 2 mil anos atrás, ao menos nas origens desse tipo de pensamento, que todos somos únicos, ao ponto de que você pode fracionar a identidade de grupo até o nível individual.

Não sei o que vai acontecer. Acho que as universidades, por exemplo, estão acabadas. Não creio que elas possam escapar disso. Eu vi enormes organizações desmoronarem, e isso pode acontecer com muita frequência. Basta um erro grave.

RUDYARD GRIFFITHS: Obrigado, Jordan. Eu estimo a sua paixão e a sua disposição para subir no palco e enfrentar as ideias de outras pessoas, em um espírito de discussão aberta e livre.

JORDAN PETERSON: Bom, vamos torcer para que tudo corra bem e tenhamos uma discussão inteligente, que nos leve a algum lugar.

Politicamente Correto

A favor: Michael Eric Dyson e Michelle Goldberg
Contra: Stephen Fry e Jordan Peterson

18 de maio de 2018
Toronto, Ontário

RUDYARD GRIFFITHS: Senhoras e senhores, sejam bem-vindos. Meu nome é Rudyard Griffiths e tenho o privilégio de mediar o debate desta noite.

Quero começar dando as boas-vindas à ampla audiência da América do Norte – sintonizada agora mesmo no Canadá pela CPAC, TV pública canadense; nos Estados Unidos, pela C-SPAN; e aos que estão nos ouvindo pelo *Ideas*, na CBC Radio.

Um caloroso cumprimento à audiência on-line deste debate – os mais de 6 mil *streams* ativos neste momento – via Facebook Live, Bloomberg.com e Munkdebates.com. É ótimo tê-los como participantes virtuais do evento desta noite.

E olá para vocês, as mais de 3 mil pessoas que lotam a Roy Thomson Hall para mais um Debate Munk. Obrigado pelo contínuo apoio às discussões de alta qualidade sobre as grandes questões da atualidade.

Este debate marca o início da nossa décima temporada, e nós começamos apontando a ausência de alguém que foi vital em todos os sentidos para essa série de eventos. Foram a sua paixão pelas ideias e o seu amor pelo debate que inspiraram a nossa criação em 2008, e sua energia, sua generosidade e seu empenho foram tão importantes que nos levaram ao reconhecimento internacional como uma das melhores séries de debates do mundo.

Sua filantropia e seu legado são extraordinários. Todos nos lembramos de sua doação de 100 milhões de dólares para a saúde cardíaca aqui em Toronto no outono passado, coisa que transformará as vidas de milhões de canadenses nos anos que virão. Todos nós somos grandes fãs e apoiadores da estupenda Munk School of Global Affairs and Public Policy, do campus da Universidade de Toronto, aqui representada esta noite por vários estudantes de seu programa de mestrado. Parabéns a vocês. Além disso, temos de lembrar da generosa doação feita por ele a essa série na primavera passada, que nos permitirá organizar muitos outros eventos como este, por muitos anos que virão.

Agora, conhecendo o nosso benfeitor como conhecemos, sabemos que a última coisa que ele gostaria era que marcássemos sua ausência com um momento de silêncio – isso não seria do feitio dele. Então, em vez disso, vamos celebrar um grande canadense, uma grande vida e o grande legado do falecido Peter Munk. Bravo, Peter!

Obrigado a todos. Sei que ele teria apreciado os aplausos. E quero agradecer a Melanie, Anthony e Cheyne por estarem aqui hoje e por fazerem parte do contínuo impacto positivo de Peter no debate público no Canadá. Obrigado pela presença.

Temos um esplêndido debate preparado para esta noite. Primeiro, vamos introduzir nosso time "pró", argumentando *a favor* da moção desta noite: "Fica decidido que o que você chama de politicamente correto eu chamo de progresso". Por favor, deem as boas-vindas ao escritor premiado, pesquisador e apresentador da NPR, Michael Eric Dyson.

A parceira de debate de Michael também é uma autora premiada. Ela é colunista do *New York Times* e alguém que trará para esta noite uma perspectiva muito diferenciada e enérgica: Michelle Goldberg.

Um grande time de debatedores merece outro. Argumentando contra a nossa resolução, "Fica decidido que o que você chama de politicamente correto eu chamo de progresso", o ator vencedor do Emmy, roteirista, autor, dramaturgo, jornalista, poeta e, esta noite, debatedor, Stephen Fry.

O colega de time de Stephen é professor de Psicologia na Universidade de Toronto, uma sensação no YouTube e autor do best-seller internacional *12 Regras para a Vida*. Senhoras e senhores, de Toronto, Jordan Peterson.

Antes de começar o evento desta noite, pedimos à audiência de quase 3 mil pessoas que votasse quanto à resolução "Fica decidido que o que você chama de politicamente correto eu chamo de progresso". Vamos ver o resultado. Os votos pré-debate: 36% concordam; 64% discordam. Portanto, um ambiente dividido.

Nós também perguntamos quantos de vocês estariam abertos a mudar o voto no decorrer do debate desta noite. Você está certo de sua opinião ou poderia ser convencido por um desses times a mudar seu voto na próxima hora e meia? Vamos ver o resultado agora: 87% disseram sim; 13% disseram não. Então, um público com a mente bem aberta. Este debate está longe de acabar.

Conforme a ordem de palestrantes com a qual concordamos, vou chamar primeiro Michelle Goldberg para seus seis minutos de comentários iniciais.

MICHELLE GOLDBERG: Obrigada por me receber. Como Rudyard sabe, a princípio eu hesitei quanto à resolução que estamos debatendo hoje porque há muitas coisas que estão no âmbito do politicamente correto que eu não chamo de progresso. Não gosto de *no-platforming* ou alertas de gatilho. Como muitos liberais de meia-idade, considero desagradáveis muitos aspectos da cultura estudantil de justiça social – embora eu não tenha certeza de que esse abismo geracional em particular seja algo novo no que diz respeito à toxicidade da estridente cultura das redes sociais, creio que seja bom debater com pessoas cujas ideias eu não aprecio, e esta é a razão pela qual estou aqui.

Então, se há guerreiros da justiça social na plateia, sinto como se precisasse me desculpar, pois vocês provavelmente não acharão que estou defendendo as suas ideias de forma adequada. Mas a razão pela qual estou deste lado no palco é que politicamente correto não é só uma expressão que designa os excessos da esquerda nos *campi* ou as pessoas sendo terríveis no Twitter. Acho que ela pode ser usada, especialmente como o Sr. Peterson faz, como uma forma de deslegitimar qualquer tentativa das mulheres e das minorias raciais e sexuais de superar a discriminação ou mesmo de argumentar que essa discriminação é real.

No *New York Times* de hoje, o Sr. Peterson é citado dizendo: "As pessoas que afirmam que a nossa cultura é um patriarcado opressor não querem admitir que a hierarquia atual pode ser baseada na competência". Isso não é particularmente insano para mim, pois sou americana e nosso presidente é Donald Trump, mas creio que seja uma afirmação que subjaz uma visão de mundo segundo a qual qualquer contestação da hierarquia atual é descartada como politicamente correta.

Também penso que deveríamos deixar claro que este realmente não é um debate sobre liberdade de expressão. Certa vez, o Sr. Peterson se referiu ao que ele chama de "trindade perversa da igualdade, diversidade e inclusão", e disse: "Essas três palavras, se ouvir as pessoas falando essas três palavras, igualdade, diversidade e inclusão, você sabe com quem está lidando e deve se afastar, porque isso não é aceitável".

Ele alega que o filme *Frozen* é propaganda politicamente correta, e a certa altura lançou a ideia de criar um banco de dados com os conteúdos dos cursos universitários para que os estudantes pudessem evitar teoria crítica pós-moderna.

Então, na crítica do politicamente correto, às vezes percebo uma tentativa de purgar o nosso pensamento de certas categorias analíticas que, acredito, espelham as piores caricaturas da justiça social esquerdista, que quer se livrar de qualquer coisa que cheire a colonialismo, patriarcado ou supremacia branca.

Também não acho que estejamos debatendo o valor do Iluminismo, pelo menos não no sentido que alguém como o Sr. Fry, que julgo ser um defensor dos valores iluministas, coloca. Os esforços para expandir direitos e privilégios outrora concedidos apenas a homens brancos, heterossexuais e proprietários de terras são iluministas ou estão muito de acordo com o Iluminismo. Citando um homem branco que já morreu, John Stuart Mill: "O despotismo dos costumes é, em toda parte, o obstáculo permanente ao avanço humano".

Creio que alguns dos nossos oponentes, em contrapartida, contestam o despotismo dos costumes como um ataque politicamente correto a uma ordem natural transcendente.

Citando mais uma vez o Sr. Peterson, cada gênero, cada sexo tem as suas próprias injustiças com as quais lidar, mas pensar nisso como uma consequência da estrutura social – ora, vamos, sério mesmo? E quanto à própria natureza? Mas há uma exceção, pois ele acredita em intervenções sociais para remediar alguns tipos de injustiças, razão pela qual ele pede, no *New York Times*, "monogamia forçada para remediar as aflições dos homens que não recebem sua cota na distribuição igualitária de sexo".

Quanto ao debate sobre o politicamente correto, já passamos por isso antes. Allan Bloom, autor de *The Closing of the American Mind*, comparou a "tirania" do feminismo na Academia ao Khmer Vermelho, e ele escreveu isso em uma época na qual as mulheres ocupavam 10% de todas as cátedras universitárias.

Vale a pena dar uma olhada no que era considerado irritante, ultrajante e politicamente correto nos anos 1980, a última vez em que tivemos essa discussão. Vocês sabem, não chamar as pessoas indígenas de "índios" ou ter de usar expressões hifenizadas, ao menos nos Estados Unidos, expressões como "afro-americanos". Vocês sabem, incluir mulheres e negros no currículo da civilização ocidental, não fazer piadas sobre *gays* ou não usar o termo "retardado" como apelido. Já sei: novos conceitos, novas palavras enfiadas pela sua garganta. Por definição, a maneira como costumamos falar e pensar parece natural e normal. E então, os novos termos, os novos conceitos que têm utilidade social permanecem, e os que não têm, desaparecem. Se você voltar aos anos 1970, *Srta.* – você sabe, como uma alternativa a *senhorita ou senhora* – permaneceu. E *womyn*,[1] com um "*y*", não. E espero que algum dia olhemos para trás e nos admiremos com a ideia de que pronomes de gênero neutro já tenham soado como uma ameaça existencial para alguém.

Mas também não acho que isso esteja claro. Talvez isso não aconteça porque, se você olhar ao redor do mundo agora mesmo, há muitos lugares que de fato regrediram quanto ao cosmopolitismo e restabeleceram o patriarcado a fim de evitar o caos. E eles parecem lugares terríveis para se viver.

Sou dos Estados Unidos, onde atualmente está em curso uma tentativa monumental de reverter o progresso social em prol da superação do politicamente correto. Como alguém que vive lá, eu lhes asseguro, isso não se parece em nada com progresso. Obrigada.

RUDYARD GRIFFITHS: Ótimo começo para o debate, Michelle. Obrigado. Agora peço a Jordan Peterson para falar em nome do time "contrário".

JORDAN PETERSON: Olá. Então, primeiro deveríamos decidir sobre o que estamos falando. Nós *não* estamos falando das minhas visões sobre o

---

[1] Neologismo criado a partir de *women*, "mulheres", formulado na época para designar espaços que deveriam ser exclusivos para mulheres cisgênero. O termo foi usado para excluir mulheres transgênero daqueles espaços. (N. T.)

politicamente correto, ao contrário do que vocês talvez tenham inferido dos comentários da debatedora anterior.

É assim que me parece: precisamos, fundamentalmente, de algo que se aproxime de uma grande narrativa em baixa resolução para nos unir. E precisamos de uma narrativa para nos unir porque, do contrário, não teremos paz.

O que acontece nas universidades e na sociedade em geral é um debate entre duas narrativas básicas em baixa resolução, nenhuma das quais consegue ser totalmente precisa, pois são incapazes de abranger todos os detalhes. É óbvio que os seres humanos têm um elemento individual e um elemento coletivo – um elemento de grupo, digamos. A questão é: qual deles deve ser o mais importante? É assim que me parece: no Ocidente, nós temos hierarquias razoavelmente funcionais, razoavelmente livres, incrivelmente produtivas e estáveis, que estão abertas a considerar os desfavorecidos que as hierarquias geralmente criam. Nossas sociedades são mais livres e funcionam com mais eficácia do que qualquer outra sociedade, em qualquer outro lugar do mundo, e do que qualquer outra sociedade que tenha existido. Até onde eu sei – e acredito que haja uma boa razão para pressupor isso –, é porque a grande narrativa fundamental de baixa resolução em torno da qual nos orientamos no Ocidente é uma narrativa da soberania do indivíduo. E é um predicado dessa ideia que, levando-se tudo em conta, a melhor maneira de eu interagir com quem quer que seja é de indivíduo para indivíduo, e reagir a essa pessoa como se ela fosse parte do processo psicológico segundo o qual coisas que desconhecemos ainda podem ser exploradas, e coisas que não estão apropriadamente organizadas em nossa sociedade ainda podem ser corrigidas. A razão pela qual somos valiosos como indivíduos, tanto em relação aos nossos direitos quanto em relação às nossas responsabilidades, é porque esse é o nosso propósito essencial, e essa é a nossa nobreza, e essa é a nossa função.

Até onde eu sei, o que está acontecendo nas universidades, em particular, e se espalhando muito depressa pelo mundo em geral – inclusive no mundo corporativo, muito para o que deveria ser o seu desgosto – é uma narrativa coletivista. E, claro, há algo de útil em uma narrativa coletivista, pois todos integramos grupos de uma forma ou de outra. Mas a narrativa coletivista que considero politicamente correta é um estranho pastiche de pós-modernismo e neomarxismo, e sua afirmação fundamental é de que não, você não é essencialmente um indivíduo, você é essencialmente membro de um grupo. Esse grupo pode ser a sua etnia, pode ser seu sexo, pode ser a sua raça, pode ser qualquer um desses inúmeros grupos aos quais você possivelmente pertence, porque você pertence a muitos deles. E você deveria ser essencialmente categorizado junto com aqueles que são como você, naquela dimensão e naquele grupo – essa é a proposição número um.

A proposição número dois determina que a forma apropriada de encarar o mundo é como um campo de batalha de grupos com poderes diferentes. Então, você primeiro define os grupos, e então você pressupõe ver o indivíduo a partir do contexto do grupo, você encara a batalha entre os grupos do contexto dos grupos, e você vê a própria história como nada além da consequência do poder de manobra dos diferentes grupos. Isso elimina qualquer consideração do indivíduo em um nível muito fundamental, e também qualquer ideia de liberdade de expressão. Porque se você é, em seu íntimo, um coletivista assim, não existe liberdade de expressão. Não é que isso seja debatido entre os que são da esquerda radical e o resto de nós, mas, sim, que não há nessa formulação nada parecido com a liberdade de expressão, pois, para um individualista, liberdade de expressão é como você dá sentido ao mundo e reorganiza a sociedade de uma maneira apropriada.

Mas, para o tipo coletivista da esquerda radical que se associa a esse ponto de vista do politicamente correto, quando você fala, tudo o que você está fazendo é jogar um jogo de poder em prol do seu grupo. E não há mais nada que você possa fazer, porque isso é tudo. E isso é tudo não apenas em termos de quem você é agora como indivíduo e de como a sociedade deve ser vista, mas é também a narrativa fundamental da história. Por exemplo, hoje é amplamente aceito em nossas universidades que a melhor forma de conceituar a civilização ocidental é como um patriarcado opressivo e dominado pelos homens, e que a melhor forma de interpretar as relações entre homens e mulheres no decorrer dos séculos é que essas relações foram de opressão das mulheres pelos homens.

Não há hierarquia sem tirania. Essa é uma verdade axiomática; as pessoas reconhecem isso há milhares de anos. E as hierarquias tendem à tirania, e tendem à usurpação pelas pessoas poderosas. Mas isso só acontece quando as hierarquias se tornam corruptas. Temos mecanismos na nossa sociedade para impedir que elas se tornem intoleravelmente corruptas e, de fato, esses mecanismos funcionam muito bem.

Eu também salientaria isso: não pense que este é um debate sobre a empatia ser ou não útil, ou que as pessoas do lado "contrário" da discussão não são empáticas. Sei muito bem, e tenho certeza de que o Sr. Fry também sabe, que hierarquias tendem a produzir circunstâncias nas quais pessoas ficam presas lá embaixo, e que os desfavorecidos nas hierarquias precisam de uma voz política, qual seja, a voz necessária e apropriada da esquerda.

Mas isso não é a mesma coisa que proclamar que o nível correto de análise da nossa grande narrativa unificada é que todos nós somos fundamentalmente unificados pelos grupos aos quais pertencemos, e interpretar o mundo inteiro como um campo de batalha entre diferentes formas de tirania como consequência daquela filiação a um grupo.

E na medida em que insistirmos nessa narrativa, não haverá progresso, acredite em mim, e certamente não temos visto esse "progresso" nas universidades. Em vez disso, vemos situações como a que aconteceu na Wilfrid Laurier University. Não veremos progresso: voltaremos ao mesmíssimo tipo de tribalismo que caracteriza a esquerda. Obrigado.

RUDYARD GRIFFITHS: Obrigado, Jordan. Michael Eric Dyson, seus seis minutos começam agora.

MICHAEL ERIC DYSON: Agradeço a todos. É uma oportunidade maravilhosa estar aqui no Canadá. Muito obrigado. Vou me posicionar aqui no púlpito – sou um pregador, e *vou* pedir uma oferenda ao final da apresentação!

Essa é a competição de maiôs do concurso de beleza intelectual, então me permitam mostrar as curvas do meu pensamento. Oh, meu Deus, isso que eu falei agora é politicamente incorreto? Como chegamos ao ponto em que o desvio da discussão sobre o politicamente correto se tornou uma espécie de distinção maniqueísta entre nós e eles? A fantasia abortiva apresentada há pouco é notável tanto pela sua clareza quanto pelo contexto lamacento do qual emergiu. O que é interessante para mim é que, quando você olha para a esquerda radical – quer dizer, onde ela está? Quero me filiar. Ela não está controlando nada. Sou de um país onde um homem se levanta todos os dias para tuitar a mendacidade moral da própria vileza para uma nação que ele transformou em uma latrina psíquica. Vocês têm o Justin; a gente tem o Donald.²

Então, o interessante é que o politicamente correto foi transmogrificado em uma caricatura da esquerda. A esquerda inventou a expressão "politicamente correto", devo lembrá-los disso? Estávamos cansados das nossas desculpas, dos nossos excessos e exageros; queríamos ser autocríticos de uma maneira que eu temo que meus *confrères* – meus compatriotas – não são. Não se levem tão a sério – sorriam. Não se leve mesmo a sério, mas, faça o que fizer, faça com uma seriedade inabalável. Agora isso foi transmogrificado em uma tentativa de caracterizar a esquerda radical. A esquerda radical é uma metáfora, um símbolo, uma articulação. Ela não existe; seus membros são muito poucos. Estou nos *campi* universitários, não vejo muitos deles por lá.

Quando ouço falarem sobre políticas identitárias, isso me deixa espantado. A política identitária coletivista? Há, da última vez que chequei, raça era uma invenção de uma cultura dominante que queria manter grupos sob o seu comando. A invenção da raça foi impulsionada pela necessidade de uma cultura dominante subordinar outras – patriarcado, certo?

O patriarcado foi a demanda de homens para ter sua visão exclusiva apresentada. A beleza do feminismo não é que ele vai resolver as diferenças entre homens e mulheres; ele apenas diz que homens não têm automaticamente a palavra final. Claro que, na minha carreira, eles nunca tiveram.

Assim, as políticas identitárias têm sido encaradas como uma *bête noire*³ pela direita, e mesmo assim a direita não compreende o grau com que a identidade foi imposta sobre as pessoas negras e as pessoas mulatas e os negros desde o começo, e sobre as mulheres e as pessoas trans. Vocês acham que eu quero fazer parte de um grupo que é constantemente abominado pelas pessoas na Starbucks? Estou cuidando dos meus assuntos de negro, andando pela rua, e empurram a identidade de grupo para cima de mim. Eles não dizem: "Ah, aha, lá vai um negro – muito inteligente, articulado, eloquente, capaz de investir em uma fúria retórica num piscar de olhos –, a gente não devia interrogá-lo

---

² Em 2018, quando este debate ocorreu, o primeiro-ministro canadense era Justin Trudeau, do Partido Liberal (de centro-esquerda), e o presidente dos EUA era Donald Trump, do Partido Republicano. (N. T.)
³ Em francês no original: "ovelha negra". (N. T.)

sobre a *bona fides*[4] de seu status legal". Não, eles me tratam como parte de um grupo, e o problema – que os nossos amigos não querem reconhecer – é que a hegemonia, a dominância daquele outro grupo tem sido tão perversa que negou para nós a oportunidade de existir como indivíduos.

O individualismo é um momento característico da modernidade. O Sr. Peterson está certo. O desenvolvimento do indivíduo, contudo, baseia-se em noções de inteligência – Immanuel Kant, David Hume e outros. Filosoficamente, Descartes apareceu e introduziu o conhecimento na refrega, dizendo que o conhecimento é baseado numa espécie de referência à preciosa inteligência, um cristal reflexivo que o indivíduo possui. E, no entanto, isso ficou enraizado no próprio solo da nossa existência.

Então, o conhecimento tem uma base carnal, e o que estou dizendo para vocês é que o conhecimento que eu trago como pessoa de cor faz diferença no meu corpo, pois eu sei o que as pessoas pensam de mim, eu sei como elas respondem a mim, e isso não é teoria.

Fico com raiva dos alertas de gatilho? O único alerta de gatilho que eu quero é de um policial – você vai atirar em mim? Isso não é engraçado nos Estados Unidos, onde jovens negros morrem sem parar, desarmados, sem ter provocado ninguém.

Então, para mim, políticas identitárias são algo muito sério. E o que é interessante sobre espaços seguros – ouço o que falam sobre a universidade, eu leciono lá. Olha, se o seu corpo for um espaço seguro, você não precisa de um espaço seguro. Algumas coisas são exageradas, algumas coisas são ridículas, eu compreendo. Eu acredito que a sala de aula é um lugar robusto para o aprendizado sério. Eu acredito no questionamento do conhecimento baseado na nossa mútua compreensão da edificante proposição do Iluminismo. Ao mesmo tempo, algumas pessoas não são tão iguais quanto outras, então nós temos que entender as condições das quais elas emergiram e nas quais têm sido ignoradas e atacadas pela sua própria cultura.

E não sei de ninguém que seja mais *snowflake* do que os homens brancos que choramingam: "Mamãe, mamãe, eles não vão deixar a gente brincar e têm tudo o que a gente costumava ter no antigo regime, quando a gente era

---

[4] Em latim no original: "boa fé". (N. T.)

certo, racista e supremacista e dominante e patriarca e odiava *gays* e lésbicas e transexuais". É, você tem que compartilhar. Esse mundo não é só seu; esse é mundo é de todos.

E deixe-me terminar dizendo isso: vocês se lembram daquela história do David Foster Wallace? "Dois peixes estão nadando e um peixe mais velho vem na direção oposta. Ele diz: 'Oi, rapazes, como está a água?'. Eles continuam a nadar, depois se viram um para o outro: 'O que, diabos, é água?'". Porque quando você está dentro disso, você não sabe o que é isso. Nada do que o diabo fez, diz Keyser Söze, foi mais interessante do que fazer as pessoas acreditarem que ele não existe. Eis o que é a supremacia branca.

RUDYARD GRIFFITHS: Obrigado, Michael. Stephen, é a sua vez. Vamos contar seis minutos no relógio.

STEPHEN FRY: Tentarei ser o mais breve possível porque, se eu perder o avião para Londres, vou ouvir desaforos da mãe do noivo.

Agora, ao aceitar participar do debate e me colocar deste lado da discussão, tenho plena consciência de que muitas pessoas que escolheram – incorretamente, a meu ver – para analisar essa questão em termos de esquerda e direita, noções que considero depreciadas e implodidas, pensarão que estou traindo a mim mesmo e às causas que abracei no decorrer dos anos. Já recebi muitos pesares apenas por estar aqui ao lado do professor Peterson, que é a razão pela qual estou aqui em primeiro lugar.

Estou ao lado de alguém com quem tenho diferenças, digamos, em termos de política e toda sorte de outras coisas, precisamente porque eu acho que tudo isso precisa parar – esse ódio, esse ressentimento, essa hostilidade, essa intolerância; acima de tudo, essa convicção do tipo com-nós-ou-contra-nós. Abriu-se um Grand Canyon em nosso mundo. A fissura, a fenda, aumenta a cada dia. Nenhum dos lados consegue ouvir uma palavra sequer que o outro lado grita, e nem quer ouvir.

Enquanto esses exércitos e propagandistas da guerra cultural se confrontam, lá embaixo, no enorme espaço entre os dois lados, as pessoas no mundo tentam levar as suas vidas adiante, alternando entre a perplexidade, o tédio e um sentimento de traição por causa dos terríveis ruídos e explosões que ecoam em toda parte. Acho que chegou a hora dessa loucura tóxica, binária e de valor nulo parar antes que destruamos a nós mesmos.

Acho melhor definir claramente a minha posição antes de prosseguir; é educado dar a vocês uma ideia de onde venho. Por toda a minha vida adulta, tenho sido o que vocês chamam de esquerdista, um esquerdista molenga, um liberal do tipo mais bonzinho, maricas e titubeante.[5] Não um socialista incendiário que faz barricadas; nem mesmo um progressista digno de ser chamado assim. Participei de passeatas, mas nunca ousei agitar cartazes ou bandeiras. Sou um odiado membro daquela banda, um GJS – um guerreiro da justiça social? Não tenho a injustiça social em alta conta, preciso dizer, mas eu me caracterizo mais como um *preocupado* com a justiça social. Enquanto crescia, meus heróis intelectuais eram Bertrand Russell e G. E. Moore, pensadores liberais, pessoas assim, escritores como E. M. Forster.

Eu acreditava, e ainda acredito, na santidade das relações humanas, na primazia do coração, na amizade, no amor e no interesse comum. Estas são mais crenças pessoas e íntimas do que convicções políticas exteriores, são mais a versão humanista de um impulso religioso, suponho. Eu confio na humanidade, eu acredito na humanidade – acho que sim, a despeito de tudo o que aconteceu nos quarenta anos da minha idade adulta.

Eu *sou* molenga, e posso facilmente ser aniquilado por corações mais duros e intelectos mais firmes. Às vezes, fico surpreso quando me descrevem como ativista, mas, com o passar do tempo, *tenho* me dedicado de forma enérgica ao que se poderia chamar de causas. Cresci sabendo que sou *gay* – bem, na verdade, soube desde sempre que era *gay*. Lembro que, ao nascer, olhei ao redor e disse: "Esta é a última vez que eu saio de uma coisa dessas!".

Sou judeu, então tenho um horror natural e óbvio ao racismo. É óbvio que eu quero que todas as formas humanas de racismo, misoginia, homofobia, transfobia, xenofobia, *bullying*, fanatismo e intolerância acabem. Isso é, por certo, algo comum a todos nós. A questão é como um objetivo tão nobre pode ser alcançado. Minha maior objeção ao politicamente correto não é que ele tenha tanto a ver com as coisas que desprezei e às quais me opus a vida inteira:

---

[5] No original, *milquetoast*. O termo se origina de uma tira de quadrinhos da década de 1920 intitulada *Casper Milquetoast*, criada por H. T. Webster. Desde então, *milquetoast* designa alguém tímido, pouco assertivo, que expressa suas ideias de forma hesitante ou titubeante. (N. T.)

pregação (com todo o respeito), piedade, arrogância, caça às bruxas, delações, *shaming*, afirmações sem evidências, acusações, inquisição, censura. Não é por isso que estou incorrendo na ira dos meus companheiros liberais ao me posicionar deste lado do debate.

Minha real objeção é que eu acho que o politicamente correto não *funciona*. Quero ir à montanha dourada, mas não creio que esse seja o caminho para se chegar lá. Acredito que um dos maiores defeitos humanos é preferir estar certo a ser eficiente. E o politicamente correto está sempre obcecado em estar certo, sem pensar em quão eficaz pode ser.

Eu não me classificaria como um libertário clássico, mas aprecio a transgressão e desconfio profunda e instintivamente do conformismo e da ortodoxia. O progresso não é conquistado por pregadores e guardiões da moralidade, mas, parafraseando Yevgeny Zamyatin, por loucos, ermitões, heréticos, sonhadores, rebeldes e céticos.

Posso estar errado – espero aprender algo esta noite. Eu realmente acho que posso estar errado. Estou preparado para cogitar a possibilidade de que o politicamente correto nos trará mais tolerância e um mundo melhor. Mas não tenho certeza disso.

Gostaria que essa citação do meu herói, Bertrand Russell, pairasse sobre esta noite: "Uma das coisas mais dolorosas da nossa época é que aqueles que têm certezas são estúpidos, e aqueles com um pouco de imaginação e conhecimento estão cheios de dúvidas e indecisões". Que a dúvida prevaleça.

RUDYARD GRIFFITHS: Um belo conjunto de declarações de abertura para preparar o cenário. Agora iremos para uma rodada de réplicas, permitindo a cada debatedor três minutos para refletir sobre o que ouviram e fazer observações adicionais. Faremos na mesma ordem das declarações de abertura. Então, Michelle, você é a primeira. Marcaremos três minutos no relógio para você.

MICHELLE GOLDBERG: Penso que a tentativa de traçar uma dicotomia entre direitos individuais e direitos de grupo é um pouco enganosa. Historicamente, há um grande número de grupos de pessoas que não puderam exercer seus direitos individuais. E penso que muitas das reivindicações feitas em nome do que nós, tipos "politicamente corretos", chamamos de grupos marginalizados são reivindicações de pessoas cujas identidades tradicionalmente não estiveram no centro da nossa cultura ou no topo das hierarquias, e que têm todo o direito de exercitar seus talentos individuais e realizar suas ambições pessoais.

Quando dizemos querer mais mulheres no poder ou mais vozes de negros no cânone, no currículo universitário ou dirigindo filmes – todas essas coisas não são ditas, ao menos da minha parte, porque estou interessada em algum tipo muito rudimentar de igualdade, mas porque existe uma grande quantidade de pessoas que historicamente não puderam se realizar como indivíduos. Era disso que o movimento das mulheres se tratava; era disso que o movimento dos direitos civis se tratava; era disso que o movimento dos *gays* se tratava; era disso que, em alguns aspectos, o movimento dos direitos trans se tratava. Longe de ser um movimento coletivista, é uma espécie de liberalismo clássico levado ao extremo. Essas pessoas estão dizendo: "Eu tenho o direito de definir a minha identidade em oposição àquela que me foi coletivamente atribuída".

Por fim, eu diria que provavelmente estou de acordo com várias das coisas que Stephen Fry disse – e em particular com o seu temperamento. Mas essa inquisição, essa censura. Por um lado, eu entendo de onde ele vem, mas penso que seja um pouco virtual. Quer dizer, quem está censurando você de verdade? Eu sei como é se sentir censurada. Eu sei como é estar do lado errado de uma turba no Twitter, ou receber um monte de comentários sórdidos. E é uma sensação muito ruim. É uma tática contraproducente, mas não é censura.

E, de novo, é particularmente esquisito que isso venha de um país onde o presidente está tentando impor taxas postais adicionais ao dono do *Washington Post* como vingança por suas reportagens. E jogadores de futebol americano que se ajoelharam durante a execução do hino nacional antes dos jogos, em protesto contra a violência da polícia, viram suas carreiras implodir.[6] Ou mulheres que contestaram o Sr. Peterson foram perseguidas por ameaças, *trolls* e ofensas misóginas.

---

[6] "Ela se refere aos jogadores de futebol americano que, durante a execução do hino nacional antes do início das partidas, ajoelhavam-se como forma de protesto. Entre esses jogadores estava Colin Kaepernick, atualmente sem time e encontrando muitas dificuldades para voltar a jogar profissionalmente. Muitos acreditam que isso se deva aos seus posicionamentos políticos". (NT).

RUDYARD GRIFFITHS: Jordan, por favor, responda ao que acabamos de ouvir.

JORDAN PETERSON: Bom, acho que gostaria de lançar um desafio às pessoas da esquerda moderada, mais ou menos como fez o Sr. Fry. Eu estudei o totalitarismo por bastante tempo, à esquerda, à direita e em suas formas mais variadas. E acho que fizemos um trabalho muito decente ao determinar quando as crenças direitistas se tornam perigosas. Creio que se tornam perigosas quando elas e as pessoas que estão à direita evocam noções de superioridade racial ou superioridade étnica, coisas desse do tipo. É muito fácil – e necessário, penso eu – traçar uma linha ao redor delas e colocá-las de lado. Acho que fizemos um trabalho muito bom quanto a isso.

O que não vejo acontecendo na esquerda – e isso em consideração à esquerda sensível, porque existe tal coisa – é a mesma coisa sendo feita em relação à esquerda radical. Então, aqui vai uma questão aberta: se a diversidade, a inclusão e a igualdade não são o triunvirato que caracteriza a esquerda exagerada – e, a propósito, a igualdade definida não como igualdade de oportunidades, o que é um objetivo absolutamente louvável, mas igualdade de resultados, que é como eles definem –, então como, exatamente, nós demarcamos a esquerda extremista? O que nós fazemos?

Dizemos: "Bom, não existe isso de esquerda extremista"? Bem, isso é por certo uma coisa que caracteriza boa parte do pensamento intelectual no século XX, quando intelectuais das mais altas esferas, sobretudo em lugares como a França, fizeram o máximo que podiam para distorcer e ignorar absolutamente tudo o que acontecia de catastrófico no mundo da esquerda, na União Soviética e na China maoísta, e não só lá. Fizemos um péssimo trabalho ao determinar como delimitar o que é útil e o que é patológico na esquerda.

Então, tudo bem que alguém critique as minhas tentativas de identificar algo como um limite. Digamos, diversidade, inclusão e igualdade – sobretudo igualdade, que é, na verdade, igualdade de resultados, uma noção absolutamente abominável. Se você conhece alguma coisa da história, você sabe disso. E estou totalmente à disposição para ouvir algumas alternativas razoáveis. Mas o que ouço sem parar das pessoas da esquerda, como meus oponentes fizeram, é a construção de todos os argumentos possíveis de serem construídos em torno do eixo da identificação de grupo. E eles fracassam em ajudar o resto de nós a diferenciar a esquerda razoável, que necessariamente defende os oprimidos, da esquerda patológica, que é capaz de uma destruição inacreditável.

E o que vejo ocorrendo, em particular nos *campi* universitários, onde a esquerda é absolutamente predominante – e isso, por certo, não é fruto da minha imaginação; trata-se de algo bem documentado por pessoas bastante razoáveis, como Jonathan Haidt –, é um fracasso completo em traçar com precisão aquela distinção. E vejo a mesma coisa se repetindo esta noite.

RUDYARD GRIFFITHS: Michael, dê a sua réplica.

MICHAEL ERIC DYSON: Não sei a que esquerda mitológica o Sr. Peterson está se referindo. Eu faço parte da esquerda. Eles são briguentos. Quando vão organizar um pelotão de fuzilamento, eles geralmente fazem um semicírculo.

Parte do ceticismo da racionalidade se baseava no projeto do Iluminismo, o qual afirma que não mais nos subordinaremos à superstição; nós vamos pensar, e vamos pensar bem.

Thomas Jefferson foi um dos grandes árbitros da racionalidade, mas ele também foi um homem que tinha escravos. Como você reconcilia isso? É dessa complicação que estou falando. Não se trata de ou isto, ou aquilo; isso não é uma identidade coletiva. Thomas Jefferson acreditava numa identidade coletiva – isto é, durante o dia. À noite, ele ouvia umas músicas do Luther Vandross, ia até a senzala e mantinha relações sexuais, e teve vários filhos com Sally Hemings. Suas entranhas superaram sua lógica.

E quando o Sr. Peterson menciona o pós-modernismo, eu não sei do que ele está falando. Eu dou aulas sobre pós-modernismo; até que é divertido. Jacques Derrida – só dizer o nome dele já é bonito. Michel Foucault falou sobre a insurreição do conhecimento subjugado, quando pessoas outrora marginalizadas agora começam a falar. Os "subalternos" sobre os quais Gayatri Spivak fala em sua teoria pós-colonial. A razão pela qual essas pessoas cresceram e passaram a existir e a ter uma voz é porque isso lhes foi negado. Como a Sra. Goldberg disse, nossa identidade de grupo foi imposta a nós; não somos vistos como indivíduos. Babe Ruth, quando quebrou o recorde de *home runs*, não rebateu contra os melhores jogadores; ele rebateu contra os melhores jogadores brancos. Quando manipulam a seu favor desde o começo, é difícil para você entender o quanto foi manipulado. Você nasceu na terceira base, portanto acertou uma tripla.[7]

E aqui estamos, derivando nosso senso de identidade da mesma cultura que ignoramos. Olhe para os nomes indígenas e para os nomes das Primeiras Nações – Toronto, Saskatchewan, Winnipeg, Tim Hortons.[8]

Mas vou lhes dizer, há uma inveja do tipo de libertação e liberdade que as pessoas negras e outras minorias trazem, porque nós trazemos a profundidade do conhecimento nos nossos corpos. Há uma espécie de ciúmes disso. Como diz o maior filósofo canadense vivo, Aubrey "Drake" Graham, "ciúme é apenas amor e ódio ao mesmo tempo".

Concordo com o Sr. Fry: não devíamos ser sórdidos e combativos. No entanto, não vejo sordidez e combatividade nas pessoas; eu as vejo desejando que as suas identidades individuais sejam respeitadas. Quando me matam a tiros por nenhuma outra razão além de eu ser negro, quando eu sou categorizado por nenhuma outra razão além da minha cor, eu estou vivendo em uma cultura que se recusa a me enxergar como um grande indivíduo.

STEPHEN FRY: É interessante ouvir que, na verdade, não parece haver um problema, e, mesmo assim, acho que todos nós instintivamente sabemos que existe algum tipo de problema. Isso não é censura, claro que não, do mesmo tipo que existe na Rússia. Estive na Rússia e me confrontei com um homem profundamente homofóbico e desagradável, e existe politicamente correto na Rússia. Só que é politicamente correto de direita.

---

[7] No beisebol, uma rebatida tripla acontece quando o rebatedor, ao acertar a bola lançada pelo arremessador e sem contar com quaisquer erros dos adversários, consegue chegar a salvo na terceira base, isto é, o mais próximo possível de anotar uma corrida e pontuar. A célebre metáfora usada por Dyson, ao se referir a alguém que nasceu na terceira base, mas acha que acertou uma rebatida tripla, diz respeito às pessoas que nasceram privilegiadas e não têm noção disso, isto é, ignoram que estão onde estão não por mérito pessoal ou por terem batalhado para chegar àquela posição, mas, sim, por terem nascido em uma família abastada e influente. O indivíduo frequenta ótimas escolas, consegue um excelente emprego e acha que isso se deve aos próprios esforços, não ao berço. (N. T.)

[8] Uma piada, obviamente, pois Tim Hortons não é uma nação indígena, mas o nome de uma rede canadense de restaurantes *fast-food*. Ela tem esse nome porque um de seus fundadores foi Tim Horton, falecido ex-jogador de hóquei sobre o gelo. (N. T.)

E foi com isso que eu cresci, politicamente correto, que significava que você não podia dizer certas coisas na televisão – você não podia dizer "foda-se", por exemplo, na televisão, pois era errado fazer isso. E, como sempre, a razão era que alguém apareceria para dizer: "Não estou chocado. Oh, é claro que não, não estou chocado, não me sinto ofendido. Eu me sinto ofendido em nome dos outros – das mentes jovens, impressionáveis e frágeis, dos vulneráveis".

E isso não é bom o bastante. Veja, não me importo de ser chamado de veado ou judeuzinho, ou de louco porque tenho problemas de saúde mental. Não me importo que as pessoas me insultem. E as pessoas dizem: "Bem, está tudo certo para você, Stephen, porque você é forte". Não me sinto particularmente forte, e não sei se gosto de ser chamado de veado e judeuzinho, particularmente, mas não acredito que os avanços na minha cultura que permitiram que eu me casasse – como estou casado há três anos – com alguém do mesmo gênero que eu sejam um resultado do politicamente correto.

E talvez o politicamente correto seja, na verdade, algo assim como uma truta viva: quanto mais apertamos, mais longe ela salta. E vocês dirão: "Não é disso que estou falando, eu estou falando de justiça social", com o que concordo, quer você chame de políticas identitárias, ou a história do *seu* povo, ou a história do *meu* povo. Meu povo também foi escravizado. Os britânicos foram escravos dos romanos, e os judeus foram escravos dos egípcios – todos os seres humanos foram escravos em algum momento, e todos nós, nesse sentido, compartilhamos aquela consciência do quanto é importante se manifestar.

Mas Russell Means, que foi meu amigo perto do fim da vida, e que fundou o Movimento Indígena Americano, disse: "Ah, pelo amor de Deus, me chame de índio, ou de Lakota Sioux, ou de Russell. Não importa como você me chama, o importante é como você me trata". Então, estou realmente falando de uma ideia mais popular. Em Barrow, no Alasca, um iñupiat também me disse: "Me chame de esquimó. É obviamente mais fácil para você, que continua pronunciando inupiat de forma errada".

Vou terminar com uma história breve. Os direitos dos *gays* surgiram na Inglaterra porque nós, calma e persistentemente, batemos à porta das pessoas que estão no poder. Não gritamos, não berramos. Eventualmente, pessoas como Ian McKellen se reuniram com o primeiro-ministro. E quando a rainha assinou a sanção real para a lei que permite a igualdade matrimonial, ela disse: "Santo Deus, eu não poderia imaginar isso em 1953, sabe? É realmente extraordinário, não? Simplesmente maravilhoso". E entregou a sanção.

Agora, é uma bela história, e espero que seja verdadeira. Mas não tem nada a ver com politicamente correto; tem a ver com decência humana. Simples assim.

RUDYARD GRIFFITHS: Tivemos réplicas excelentes e fortes declarações de abertura. Vamos agora à parte das perguntas deste debate, e fazer com que os dois lados lidem com algumas questões fundamentais. Creio que o que ouvimos aqui é uma espécie de tensão – vamos explicar isso melhor – entre, de um lado, os direitos dos grupos de se sentirem incluídos e terem a oportunidade de definir a própria identidade e, do outro lado, a crença de que há algo ameaçador quando esses grupos são excessivamente privilegiados por meio de ações afirmativas ou outros processos voltados para os resultados.

Então, Michael, vamos começar com você. Por que os grupos não são prejudicados ao privilegiar sua identidade de grupo, seja esta relativa à raça ou ao gênero, em vez de serem tratados de antemão como indivíduos, da maneira como Jordan e Stephen gostariam que você os encarasse em primeiro lugar?

MICHAEL ERIC DYSON: Bem, antes de tudo, não havia distinção arbitrária e aleatória que as pessoas negras e as outras minorias fizessem. Quando eu falo sobre a invenção da raça, a invenção do gênero, a invenção do pensamento de grupo, isso não foi feito pelos grupos que foram assim nomeados, como disse a Sra. Goldberg. Então, antes de qualquer coisa, vocês precisam reconhecer a evolução histórica dessa realidade. O conceito de identidade de grupo não começou com os grupos. Começou com um grupo que não precisava declarar a própria identidade. Quando se está no controle, não é preciso anunciar quem você é. Muitos irmãos e irmãs brancos não se veem como um entre muitos grupos e etnicidades. Eles se veem como: "Sou apenas americano. Sou canadense, por que você não pode ser como nós? Você não pode transcender essas estreitas identificações de grupo?".

No entanto, essas identificações de grupo foram impressas neles exatamente pelas mesmas pessoas cujo poder de grupo agora foi desafiado. Não vamos nos enganar a respeito disso: há uma contestação. Concordo com o Sr. Fry, nessa espécie de Terra do Nunca, sobre o quanto seria meigo ter uma metáfora majestosa sobre como tudo se resolveu; não é assim que rola de verdade, mano. No mundo real, há coisas em jogo. E o que está em jogo são corpos. O que está em jogo são as vidas das pessoas. O que está em jogo é que pessoas ainda são linchadas e mortas. O que está em jogo é que pessoas, por causa de sua sexualidade e sua identidade racial, ainda estão sendo machucadas.

Então, o que estou sugerindo a vocês não é que somos contra sermos tratados como indivíduos – nós estamos clamando por isso. Por favor, não me vejam como membro de um grupo que vocês pensam ser de criminosos, crioulos, niilistas e de gente patológica. Vejam-me como um indivíduo que incorpora as realidades.

Vou terminar afirmando o seguinte: o que Michelle disse é extremamente importante. Aqueles que têm direitos individuais não precisaram lutar por eles da mesma forma que os indivíduos negros e outras pessoas. Quando o Sr. Fry falou sobre escravidão, ele os nomeou. Leia a história comparativa entre raça e escravidão ao longo de 28 civilizações escrita por Orlando Patterson.[9] Os gregos não tiveram o mesmo tipo de escravidão que os americanos. Era a escravidão como bem. Na Grécia, você podia comprar de volta a sua liberdade. Você podia ensinar as crianças do povo que o escravizou e, por causa da demonstração de um intelecto prodigioso, assegurar a sua liberdade. Não foi assim nos Estados Unidos, onde você era punido e morto se fosse instruído.

Meu ponto é simplesmente este: sou totalmente a favor da celebração de identidades mais amplas, e penso que, com frequência, aqueles que pertencem a outras minorias não são tão celebrados quanto nós.

Nos Estados Unidos, temos a bandeira confederada. No Sul, temos caras brancos, em sua maioria, mas também outros, hasteando a bandeira confederada que representa a porção do Sul que se recusou a ceder à conquista legítima pelas mãos do Norte. Eles agitam aquela bandeira, não a bandeira americana. Eles não são americanos; estão celebrando a secessão, um distanciamento dos Estados Unidos. E fecharam as portas a um homem chamado Colin Kaepernick, um jogador de futebol americano que disse: "Quero honrar a bandeira americana".

---

[9] Dyson se refere ao livro *Escravidão e Morte Social – Um Estudo Comparativo*, lançado no Brasil pela Edusp com tradução de Fábio Duarte Joly. (N. T.)

Então, precisamos realmente estabelecer os termos do debate a fim de prosseguirmos.

RUDYARD GRIFFITHS: Obrigado, Michael. Bom argumento. Jordan, vamos aproveitar a sua ideia em relação ao que você enxerga como o perigo pernicioso do pensamento de grupo quanto à etnicidade e ao gênero. Por que você acha que isso é um dos pecados capitais, na sua opinião, do politicamente correto?

JORDAN PETERSON: Bem, penso que isso seja um dos pecados capitais dos agentes das políticas identitárias da esquerda *e* da direita, que fique bem claro. Pessoalmente, uma vez que isso às vezes fica pessoal, não sou fã da direita identitária. Penso que qualquer pessoa que entra em um jogo conceitual em que a identidade de grupo vem antes de mais nada arrisca incorrer em uma exacerbação do tribalismo. Pouco importa se isso acontece na esquerda ou na direita.

Quanto à ideia dos direitos dos grupos, isso é algo em que escorregamos feio no Canadá, sobretudo porque tivemos de lidar com a ameaça do separatismo de Quebec. A ideia de direitos de grupos é extremamente problemática porque o anverso da moeda dos direitos individuais são as responsabilidades individuais. E você pode responsabilizar um indivíduo, e um indivíduo pode *ser* responsável, e é em parte por isso, então, que indivíduos têm direitos.

Mas grupos – como você responsabiliza um grupo? Não é boa ideia responsabilizar um grupo. Em primeiro lugar, isso vai de encontro ao tipo de sistema de justiça que estabelecemos no Ocidente, o qual se baseia essencialmente na presunção da inocência individual, mas também na possibilidade da culpa individual – não da culpa do grupo. Vimos o que aconteceu muitas e muitas vezes no século XX, quando a ideia de culpa grupal conseguiu marcar posição na política e no sistema judiciário. Foi absolutamente catastrófico.

E então, certo, ótimo – direitos dos grupos. Como você vai enfrentar a alternativa disso, o oposto disso? Onde está a responsabilidade do grupo? Como você vai responsabilizar seus grupos? "Bem, não precisamos falar sobre isso porque estamos muito preocupados com a reparação de injustiças históricas, hipotéticas ou não." E isso, por certo, não quer dizer que não aconteceram injustiças históricas catastróficas – não se trata disso. A questão é como você vê a situação no nível mais fundamental, e direitos de grupos são uma catástrofe absoluta, na minha opinião.

RUDYARD GRIFFITHS: Michelle, fale a respeito disso. Trata-se de algo sobre o que você escreveu – a ideia de que, em políticas identitárias, a identidade do grupo é uma parte absolutamente válida da discussão, e os indivíduos podem e devem ser vistos como integrantes de um grupo ao adentrar o espaço civil.

MICHELLE GOLDBERG: Não tenho certeza de que precisamos necessariamente fazer analogias a partir do indivíduo. O oposto de direito individual é responsabilidade individual, mas não estou certa de que essa analogia funcione para grupos.

Uma das coisas que acho complicadas nesta discussão é que estamos falando de três contextos culturais muito diferentes, três histórias diferentes, três espécies distintas de regimes legais.

Mas, nos Estados Unidos, uma parte gigantesca da nossa política diz respeito a grupos lutando por direitos para seus membros individuais: mulheres nos Estados Unidos buscando o direito de controlar o sistema reprodutor de seus próprios corpos; afro-americanos buscando reparação pela brutalidade policial ou discriminação ou apenas pela tendência nos Estados Unidos de pessoas brancas chamarem a polícia sempre que veem um afro-americano em um lugar que elas acham que ele não deveria estar. Não vejo como se pode enfrentar qualquer um desses problemas sociais se você vê a sociedade como um oceano de indivíduos atomizados.

Não creio que haja nada de pernicioso em pessoas se juntando baseadas em uma identidade comum para buscar reparação por discriminação e exclusão. Creio que isso seja o que há de melhor em nossa democracia; isso é a definição de progresso.

Então, mais uma vez, continuo tendo problemas com a ideia de que isso seja de algum modo tirânico ou de que "leve ao stalinismo". E várias pessoas que se opõem ao politicamente correto falam sobre o conceito de *category creep*, algo que foi concebido, creio, por um acadêmico australiano.[10] Trata-se, basicamente, da incapacidade de fazer distinções, de tal

---

[10] Na verdade, a expressão correta é *concept creep* [algo como "conceito rastejante"] e foi mesmo criada por um australiano, o professor de psicologia Nick Haslam, da Universidade de Melbourne. Em um artigo intitulado "Concept Creep: Psychology's Expanding Concepts of Harm and Pathology", Haslam argumenta que termos como "abuso", "trauma", "bullying", "vício" e "preconceito" hoje

modo que você não enxerga a diferença entre, digamos, um grande mago da Ku Klux Klan e um conservador como, por exemplo, Ben Shapiro; ou que você vê todas as pessoas à sua direita como fascistas, sexistas, totalitários, intoleráveis. E eu acho que, em parte, é isso mesmo que acontece, pois estudantes, com frequência, pensam por meio de categorias amplas e ligeiramente exageradas – eu sei que fazia isso quando era mais nova, e talvez ainda faça. Mas percebo vários *category creeps* no argumento contrário ao politicamente correto ou a grupos que buscam reparação. A ideia de que "isso leva à desumanização".

RUDYARD GRIFFITHS: Vamos deixar que Stephen fale a respeito – isso foi parte da sua fala de abertura. Você é um *category creep*, Stephen. Agora responda a isso.

STEPHEN FRY: Ainda estou muito perdido, pois não estamos falando sobre politicamente correto; estamos falando sobre política – e não vejo problema nenhum nisso. E eu penso exatamente como você a respeito disso. Não sou um inimigo das políticas identitárias *per se*. Posso ver, obviamente, em que elas deram errado e onde são irritantes.

Mas sejamos empíricos em relação a isso: o quão bem isso está funcionando para você nos Estados Unidos neste momento? Nada bem; não está mesmo. Você pode me responder daqui a pouco.

A razão pela qual Trump, o Brexit na Inglaterra e todas as espécies de nativismos pela Europa afora estão obtendo sucesso não é porque a direita triunfou, mas porque a esquerda falhou de forma catastrófica. A culpa é nossa.

Meu ponto é que eu não virei direitista ou nada parecido com isso, ou que eu sou legal e fofinho e quero que todo mundo seja decente; estou dizendo: "Foda-se o politicamente correto. Resiste. Lute. Se você tem um ponto de vista, lute por ele da maneira apropriada, usando a democracia como deve ser usada, não os canais de educação, não a linguagem".

---

abarcam uma quantidade muito maior de fenômenos e ocorrências, e a expansão desses significados reflete uma crescente sensibilidade às ofensas e ao que termos assim significam, ecoando a agenda politicamente correta. (N. T.)

Você sabe, o melhor movimento em um jogo de xadrez não é o melhor movimento do jogo de xadrez, é o movimento que seu oponente menos quer que você faça. No momento, vocês estão recrutando sargentos para a direita, ao irritar e perturbar em vez de lutar ou persuadir.

Mas o politicamente correto é um meio-termo que simplesmente não funciona. Este é o meu ponto.

MICHAEL ERIC DYSON: Bom, em primeiro lugar, você disse: "Sejamos empíricos". Agora, até onde eu sei, a palavra "empírico" significa aquilo que pode ser verificado ou falseado por meio dos sentidos.

STEPHEN FRY: Exatamente.

MICHAEL ERIC DYSON: Então, se olharmos de maneira objetiva, a realidade é que as pessoas não têm acesso igual aos meios para articular precisamente isso sobre o que você está falando.

STEPHEN FRY: Não, não, não. Estou falando sobre os resultados empíricos dessa atitude política.

MICHAEL ERIC DYSON: Eu entendo isso, mas o meu ponto é simplesmente este: estou sugerindo a você que as pessoas usem as armas que têm à mão. Agora, foi o rabino Abraham Joshua Heschel quem disse que todo mundo não é culpado, mas todos somos responsáveis. Há uma distinção aí.

Claro que todo mundo não é culpado, mas o interessante é olhar para o outro lado. Se você se beneficiou dos trezentos anos em que pessoas foram mantidas em servidão, achando que fez tudo sozinho – "Por que essa gente não pode trabalhar mais duro? Vocês não tiveram emprego por trezentos anos". Então, a verdade é que, por trezentos anos, você manteve as pessoas em suspensão. Você as manteve subordinadas; você se recusou a dar direitos para elas. Então, de repente, você as liberta e diz: "Agora vocês são indivíduos" – sem ter habilidades, sem ter...

JORDAN PETERSON: Quem é esse *você* a que você se refere?

MICHAEL ERIC DYSON: Estou falando da sociedade americana, em primeiro lugar; estou falando do hemisfério Norte; estou falando de todas as sociedades em que a escravidão existiu; mas estou falando especificamente da negação dos direitos individuais às pessoas negras nos Estados Unidos, às quais foi negada a oportunidade de serem indivíduos.

Eu, óbvia e idealmente, concordo – e acho que Michelle Goldberg também – com a ênfase nos indivíduos. O que estamos dizendo a vocês é que não nos foi permitido sermos indivíduos; não nos permitiram exercitar nossa autonomia e nossa autoridade individuais. E a recusa de me reconhecer como indivíduo significa que, quando você passa por mim em um parque e eu sou um garoto de doze anos, e você atira primeiro, de uma forma que não atiraria em um garoto branco, você não está tratando aquela pessoa como um indivíduo.

Se nós vivemos em uma sociedade na qual as mulheres estão sujeitas às formas aberrantes de um comportamento horrível, patriarcal, sexista e misógino, você não está reconhecendo a centralidade da individualidade da mulher; você a está tratando de acordo com uma dinâmica de grupo.

Vou terminar dizendo o seguinte: a grande filósofa americana Beyoncé Knowles disse que o racismo é algo tão americano que, se você questiona o racismo, parece que você está questionando os Estados Unidos. Nós estamos desafiando a desigualdade; nós estamos desafiando a recusa de me ver como indivíduo. Quando superarmos isso, então estaremos em um campo de jogo justo.

RUDYARD GRIFFITHS: As coisas estão ficando agitadas por aqui – eu gosto disso.

JORDAN PETERSON: Vamos supor por um momento que eu me beneficiei do meu privilégio de homem branco, ok?

MICHAEL ERIC DYSON: É uma boa suposição.

JORDAN PETERSON: É, bem, isso é o que você diria. Então sejamos precisos a respeito disso, ok?

MICHAEL ERIC DYSON: Aham, sejamos precisos.

JORDAN PETERSON: Até que ponto o nível atual das minhas conquistas e realizações é consequência do meu privilégio de homem branco? Você diria 5%? Você diria 15%? Você diria 25%? Você diria 75%? E o que você propõe que eu faça a respeito disso?

Que tal um imposto? Que tal um imposto estipulado especificamente para mim, para que eu preste contas do meu maldito privilégio e não precise mais ouvir essas coisas?

Agora, sejamos precisos sobre outra coisa, está bem? Se pudéssemos concordar – e não concordamos – que a esquerda pode ir longe demais, e ela claramente pode, então como os meus valorosos oponentes poderiam definir com precisão quando a esquerda que eles defendem foi longe demais? Vocês não gostam de igualdade – igualdade de resultados –, e acho que isso é um indicador e tanto. Mas se vocês tiverem uma sugestão melhor e não saírem pela tangente, vamos descobrir como eu posso dispensar meu privilégio branco e vocês podem me dizer quando a esquerda for longe demais, uma vez que isso claramente acontece.

E é disso que trata este debate – politicamente correto. Ele é sobre a esquerda indo longe demais, e acho que ela foi longe demais de diversas maneiras, e eu gostaria de descobrir exatamente como e quando isso aconteceu, de tal forma que a esquerda razoável ascenda outra vez e nós possamos acabar com todo esse absurdo.

RUDYARD GRIFFITHS: Michelle, sua vez.

MICHELLE GOLDBERG: Você se importa se eu responder ao Stephen primeiro? Stephen falou sobre como chegamos a Trump, e que isso foi um fracasso da esquerda.

Sou jornalista, como vocês sabem, e fui a inúmeros comícios de Trump durante a campanha presidencial, nas mais diferentes regiões do país. Você está certo: em todo lugar a que eu fui, ouvi muito mais reclamações sobre o politicamente correto do que, por exemplo, sobre o Nafta. Mas quando você pergunta às pessoas o que elas entendem por politicamente correto, elas vão reclamar que chamaram uma mulher com quem trabalhavam de "garota" e isso a deixou irritada. E que você não podia mais especular em voz alta e em público se o presidente dos Estados Unidos era mesmo muçulmano. Elas não gostam do fato de não poderem mais fazer piadas com *gays*.

Então, por um lado você está certo. Acho que quando as pessoas têm esses tipos de preconceitos e você tenta suprimi-los, isso pode criar uma contrarreação perigosa. Mas, de novo, voltando ao título desse debate, também penso que aquilo a que elas estavam reagindo – aquilo que chamavam de politicamente correto – era o fato de ter um presidente negro, urbano, que, segundo achavam, falava com elas de cima para baixo, e era a isso que se referiam de verdade. Não vejo uma maneira de contornar isso, pois, como eu disse, é progresso.

Quanto à pergunta sobre quando a esquerda vai longe demais, para mim é muito fácil – violência e censura. Sou contra violência e sou contra censura. Olhando para o mundo agora, entendo que haja um problema com o incômodo causado pela esquerda. Há várias formas pelas quais, em particular na internet, pessoas aleatórias conseguem enxamear ao redor de indivíduos e transformar comentários dispersos em campanhas nas redes sociais. Com frequência, isso se mistura com politicamente correto, e é um fenômeno ruim. Gostaria que houvesse uma forma de colocar um fim nisso. Mas não creio que simplesmente ter liberais razoáveis e socialistas razoáveis denunciando isso seja uma maneira de acabar com isso. É apenas um tipo de fenômeno horroroso da vida moderna. E se vocês quiserem debater sobre se as redes sociais são ruins para a democracia, eu estarei do lado do "sim".

Mas, quando você vê fascismo de verdade em ascensão em todo o mundo, a ideia de que a esquerda radical representa uma ameaça maior do que a direita radical me parece o tipo de coisa em que você literalmente só pode acreditar se tiver passado a vida inteira num campus universitário.

RUDYARD GRIFFITHS: Michael, gostaria de ouvir você a respeito da fala do Jordan. Como ele pode ter de volta uma voz igual neste debate se está implícito que sua participação carrega essa bagagem de privilégio branco que não o deixa ver claramente as questões que se colocam à nossa frente?

MICHAEL ERIC DYSON: Mas isso é ser cúmplice do problema em si mesmo, terminologicamente. Você está começando em um ponto que já é produtivo e controverso. Você está dizendo: como ele pode ter a sua igualdade de volta? De quem você está falando? Jordan Peterson, em primeiro lugar nos *trending topics* do Twitter? Jordan Peterson, best-seller internacional? Quero que ele tuíte algo sobre mim e meu livro.

Jordan Peterson, eis o que estou dizendo para você: pra quê essa raiva, mano? Você está indo bem, mas é um homem branco perverso e raivoso, e vai fazer com que a gente esteja certo. Nunca vi tanto choramingo e *snowflaking*.[11] Tem choro suficiente aqui para abrir uma vinícola.[12] E o que estou dizendo para você, empírica e precisamente, quando você pergunta sobre privilégio branco, e pergunta do modo como fez – desdenhoso, pseudocientífico, não empírico e sem justificativa –, é que, primeiro, a verdade é que o privilégio branco não age conforme segmentos quantificáveis; é sobre até que ponto estamos dispostos, enquanto sociedade, a lidar com os ideais de liberdade, justiça e igualdade nos quais ela se baseia.

A segunda coisa que me parece interessante é que você estava falando sobre não existir uma identidade coletiva. Do que você chama uma nação? Você é canadense? Você é canadense por si só? Você é um indivíduo? Você é parte de um grupo? Quando os Estados Unidos formaram sua união, ela o fez em oposição a outro grupo.

Então, a verdade é que aqueles que são parte das identidades de grupo na política negam a legitimidade e a validade desses grupos e o fato de que eles foram criados dessa forma, e então há ressentimento contra os outros. Tudo o que estou pedindo é uma oportunidade.

A cotização de que você fala – a diferença entre igualdade de resultados e igualdade de oportunidades – é um argumento reiterado e repetido, uma frase batida, derivada dos dias tranquilos do debate sobre ações afirmativas. "Você está procurando por resultados que possam ser determinados igualmente ou você está procurando por oportunidade?"

Se você liberta uma pessoa após um longo tempo de opressão e diz, "agora você está livre para sobreviver", se ela não tem habilidades, se ela não tem meios quantificáveis de sobrevivência, o que você fez foi libertá-la para a

---

[11] Ver nota 2 do capítulo 1, "Michael Eric Dyson Conversa com Rudyard Griffiths". (N. T.)
[12] Ver nota 7 do capítulo 1, "Michael Eric Dyson Conversa com Rudyard Griffiths". (N. T.)

opressão. E tudo o que estou sugerindo para você – como disse Lyndon Baines Johnson, um dos nossos grandes presidentes – é que, se você coloca um homem em uma corrida com cem anos de atraso, é terrivelmente difícil para ele alcançar os demais.

Então, eu não acho que Jordan Peterson esteja sofrendo com nada além de um senso exagerado de legitimidade e ressentimento, que seu próprio privilégio é invisível para ele, e que isso se manifestou com intensidade letal e ferocidade aqui mesmo neste palco.

RUDYARD GRIFFITHS: Jordan, vou permitir que você responda a isso, se quiser.

JORDAN PETERSON: Bem, eu depreendi duas coisas daquela série de réplicas. A primeira é que dizer que a esquerda radical vai longe demais quando se torna violenta não é, de maneira nenhuma, uma resposta suficiente, porque há conjuntos de ideias no pensamento esquerdista que levaram às catástrofes do século XX, e isso foi no nível das ideias, não no nível da ação violenta. É uma coisa muito simples dizer que é contra a violência; é como ser contra a pobreza. Falando de forma genérica, pessoas decentes são contra a pobreza e a violência. Isso passa longe do cerne da questão.

Quanto ao meu privilégio ou à falta dele, não estou dizendo que não tive vantagens na minha vida, e desvantagens na minha vida, como a maioria das pessoas. Você não sabe nada sobre as minhas origens ou de onde eu vim, mas isso não importa para você, porque sou fundamentalmente um "homem branco perverso e raivoso". Essa é uma coisa terrível de se dizer em um debate.

MICHAEL ERIC DYSON: Deixe-me apenas dizer que meu comentário sobre "homem branco perverso" não se baseou em uma escavação histórica do seu passado; ele se baseia na mordacidade evidente com que você fala e na negação de um senso de igualdade entre combatentes numa discussão. Então, vou dizer outra vez, "você é um homem branco perverso e raivoso", e a crueldade é evidente.

RUDYARD GRIFFITHS: Ok, devemos seguir em frente aqui. Vamos falar sobre outro grande fator atual do chamado movimento politicamente correto, que é o movimento #*MeToo* e a amplitude dessa emergência, desse despertar que observamos em torno do que foi uma série de abusos e injustiças sistêmicas contra as mulheres.

No entanto, Michelle, algumas pessoas diriam que agora vivemos em um pânico cultural, que o pêndulo se moveu demais e que há um exagero perigoso acontecendo, no qual os direitos e as reputações das pessoas e o devido processo legal foram jogados ao vento. Como você responde a isso?

MICHELLE GOLDBERG: Bem, primeiro as pessoas começaram a dizer isso duas semanas após a primeira história envolvendo Harvey Weinstein irromper – no momento em que Harvey Weinstein e outros homens começaram a realmente perder seus empregos. Isso era mesmo uma novidade, que homens com históricos muito graves de comportamento predatório estavam, de repente, perdendo seus trabalhos. Todos sabiam disso há muito tempo e houve uma espécie de impunidade implícita, que de súbito foi subtraída, e isso criou um terremoto cultural. E tão logo isso aconteceu, criou-se muita ansiedade: "E se essa coisa for longe demais?".

O movimento #*MeToo* tinha apenas alguns meses de existência quando o *New York Times* começou a publicar colunas com pessoas dizendo "por que eu não posso criticar o #*MeToo*?", coisa que elas estavam fazendo no jornal.

O devido processo legal é importante? Óbvio que sim. Mas, quando você olha para quem efetivamente perdeu o emprego, para quem de fato perdeu o ganha-pão, isso não se deu por causa de um rumor macarthista; são pessoas que exibiram o pau no ambiente de trabalho; são pessoas que perderam dezenas de milhões de dólares em acordos judiciais, perderam trabalhos por quatro meses, e agora estão dando a volta por cima. Bill O'Reilly está prestes a estrear um novo programa de TV em outra emissora. A ideia de que homens em toda parte sentiam como se não pudessem mais falar, e todos pisavam em ovos – talvez seja o caso nos escritórios onde vocês trabalham, mas não é verdade onde eu vivo. E o movimento #*MeToo* tem sido particularmente ativo na mídia.

Não sei quantos de vocês leram sobre a lista dos "homens de merda da mídia". Uma mulher criou um documento aberto ao qual outras mulheres podiam adicionar nomes de homens da mídia a respeito de quem todos sabiam de suas condutas, mas ninguém fazia nada a respeito. E isso se tornou popular bem rápido. Mas havia algo perturbador nisso. Você não gosta dessas acusações anônimas flutuando por aí. A maioria das feministas que conheço, inclusive eu mesma, fica meio apavorada com isso e pensa que era injusto manchar a reputação das pessoas dessa maneira.

Mas, se você olhar para o que aconteceu com os homens da lista... nada. Eles ainda têm seus empregos. Eu conheço homens daquela lista; eu trabalhei com homens daquela lista. As pessoas da mídia que, de fato, perderam seus trabalhos e perderam suas carreiras, perderam por causa de comportamentos extremamente graves, documentados por várias mulheres que tinham testemunhas para corroborá-las.

Compreendo a ansiedade causada por essa mudança nas relações entre homens e mulheres; claro que isso causa muita ansiedade cultural. Mas não sei se essa ansiedade se baseia em algo concreto.

RUDYARD GRIFFITHS: Vou pedir a Stephen que ofereça seu ponto de vista a respeito disso. Nós estamos em um pânico cultural? A resposta é proporcional ao momento?

STEPHEN FRY: Fico muito confuso com isso. Claro, eu reconheço a bestialidade de Weinstein e a monstruosidade de seu comportamento, e isso foi chocante para mim. Eu, de fato, trabalhei para ele – fazendo *script-doctoring*,[13] como se diz – e nunca passei pelo lance da toalha, mas isso por razões bastante óbvias. Mas é algo grotesco, e não imagino o quanto isso pode ser vil – um homem tão poderoso. Nós costumávamos fazer uma brincadeira no Festival de Cinema de Cannes, nos anos em que ele ainda estava no topo. Nós andávamos do hotel mais distante até o Palais des Festivals. Você ganhava dez pontos a cada vez que ouvisse a palavra "Harvey". Em geral, em uma caminhada de dez minutos, você teria trezentos pontos, porque era, "Sim, Harvey recebeu o roteiro... Harvey está com ele... Sim, eu tenho uma reunião com Harvey

---

[13] *Script-doctor* é um escritor contratado para revisar, reescrever trechos específicos e/ou dar um "polimento" em roteiros para cinema ou televisão. Como sua participação no processo é limitada, não resultando em mudanças substanciais (isto é, não ocorre uma reescrita de todo o roteiro), eles não costumam receber créditos pelo trabalho. (N. T.)

hoje à tarde no Majestic". Ele era imensamente poderoso, e penso que alguém nessa posição abusando, ameaçando e dificultando o sustento das mulheres é algo grotesco ao extremo.

Mas, preciso dizer, há uma sensação genuína entre muitas pessoas que conheço de "sshh", não podemos falar o que pensamos, não podemos falar com todas as nuances, não podemos falar com verdadeira profundidade sobre os sentimentos românticos entre homens e mulheres. Não é um tema sobre o qual eu seja especialista, em absoluto, mas isso também vale para relações entre homens, embora eu saiba que, em se tratando de homens com homens, você poderia dizer, "bem, isso é diferente, porque as mulheres tiveram uma experiência histórica diversa", e não quero entrar nesse tema em particular.

Mas eu diria que há um medo verdadeiro. Na minha área, onde tudo isso começou – *show business*, atores e assim por diante –, as pessoas estão muito temerosas de falar sobre uma peça publicitária qualquer ou uma declaração que foi feita. Você diz apenas: "Claro, com certeza". E espera as outras pessoas saírem da sala para falar com franqueza com seus amigos.

Nunca passei por isso em meus sessenta anos de vida neste planeta, essa sensação – e não estou caracterizando feministas como alemãs orientais –, mas é como se a Stasi[14] estivesse ouvindo: é melhor você ser cuidadoso; elas estão ouvindo. E essa é uma sensação genuína. Digo isso com a mão no meu coração. Estou dizendo isso tão-somente para ressaltar algo que é verdadeiro e é preocupante. Mas a desventura sexual e a experiência do horror também são preocupantes; então, há duas preocupações, e elas não estão solucionadas.

RUDYARD GRIFFITHS: Vamos trazer Jordan para essa conversa, pois ele escreveu e comentou bastante a respeito disso. Mas, Stephen, obrigado.

JORDAN PETERSON: Bem, acho que vou salientar duas coisas outra vez. A primeira é que o meu questionamento sobre quando a esquerda vai longe

---

[14] Forma abreviada de *Ministerium für Staatssicherheit* [Ministério para a Segurança do Estado], a Stasi foi um órgão de repressão da Alemanha Oriental. Agindo em nome do governo ditatorial, espionava os cidadãos alemães com vistas a identificar supostos "subversivos". Nos quarenta anos de sua existência (1950-1990), a Stasi prendeu mais de 250 mil pessoas. (N. T.)

demais *ainda* não foi respondido. E a segunda é que é possível que eu seja um homem perverso – talvez eu seja pior do que algumas pessoas e não seja tão ruim quanto outras (embora eu pense que provavelmente seja este o caso). Mas eu diria que o fato de a raça ter sido trazida para aquele comentário em particular é um exemplo melhor do que, diabos, eu acho que há de errado com a esquerda politicamente correta do que qualquer outra coisa que pudesse acontecer aqui.

MICHAEL ERIC DYSON: Imagine a dor, a ansiedade, o insulto que você deve ter realmente sentido, em função de algo que eu considero um comentário apropriado da descrição no momento em que foi exprimido. Mas agora imagine, esses sentimentos dolorosos e...?

JORDAN PETERSON: Não estou ferido.

MICHAEL ERIC DYSON: Ok, você se sente ótimo! Você se sente ótimo em relação a isso!

JORDAN PETERSON: Isso é realmente diferente. Eu não sou uma vítima. Eu não estou machucado. Eu estou chocado.

MICHAEL ERIC DYSON: Você não está machucado, ok. Você não seria uma vítima. Então, o interessante é que quaisquer que sejam os sentimentos não convencionais de empatia que você sofre neste momento em particular, imagine, então, os horrores que os outros "outros" tiveram de suportar por tanto tempo, quando lhes era negado um reconhecimento de sua humanidade.

Agora, eu levo a sério o seu ponto de vista. O que estou lhe dizendo é que, quando você disse que estava chateado porque eu adicionei elementos raciais ao dizer "homem branco perverso e raivoso", é interessante que você talvez tenha sentido que lhe estava sendo imputada uma identidade de grupo com a qual você não concorda. Você talvez tenha sentido que estava sendo injustamente julgado de acordo com a sua raça. Você talvez tenha sentido que a sua identidade individual estava sendo desfigurada pela minha caracterização bastante descuidada da sua pessoa. Tudo isso se qualifica como respostas legítimas para mim. Mas isso também diz respeito ao ponto que estamos tentando provar sobre a recusa de se enxergar a nossa existência individual, como mulheres, como pessoas negras, como povos das primeiras nações, e afins.

Meu ponto foi simplesmente este: a razão pela qual eu falei sobre raça naquela caracterização em particular é porque há uma maneira específica pela qual vim à cidade – não sei se há muitas pessoas negras por aqui... não tenho certeza. Mas eu constantemente venho a lugares e espaços que não são o meu habitat natural – por outras razões além do engajamento intelectual e do amor e da fúria do engajamento retórico, sim. Mas eu vou com frequência a lugares hostis, onde as pessoas não aprovarão o meu ponto de vista em particular, porque estou interessado, como indivíduo, em quebrar barreiras para que as pessoas possam compreender o quanto isso é complicado.

Então, o que estou dizendo a você é que eu o convidaria, nos termos da renúncia ao seu privilégio – para lhe dar uma resposta específica –, para vir comigo a uma igreja batista negra. Venha comigo até uma universidade historicamente negra; venha comigo até uma comunidade indígena ou das primeiras nações, onde possamos engatar uma conversa amistosa, mas também escutar e ouvir.

E quando adicionei raça à discussão, eu estava falando sobre a inabilidade histórica das pessoas de reconhecer de maneira equânime as dores dos outros em relação ao que eles suportam atualmente.

Então, enquanto ser humano, eu amo você, meu irmão, mas mantenho o meu comentário.

JORDAN PETERSON: Bem, eu vi essas coisas sobre as quais você está falando. Eu sou membro honorário de uma família indígena, então não venha me falar sobre as coisas que eu deveria ver no que diz respeito à opressão. Você realmente não sabe nada a meu respeito.

MICHAEL ERIC DYSON: Você me fez uma pergunta. Eu lhe dei uma resposta.

JORDAN PETERSON: Você me deu uma resposta genérica, uma resposta genérica baseada em raça.

MICHAEL ERIC DYSON: Ela foi feita sob medida para você, Jordan Peterson. Eu gostaria que você fosse comigo, Michael Eric Dyson, a uma igreja batista negra. Você já foi a uma dessas?

JORDAN PETERSON: Eu ficaria feliz em fazer isso, mas...

MICHAEL ERIC DYSON: Ok, beleza, vou te ligar.

RUDYARD GRIFFITHS: Mais uma rodada rápida, e então iremos para as falas de encerramento. Stephen Fry, daqui a uma geração, olhando para trás, para esse debate, não veremos o chamado movimento politicamente correto da mesma forma como hoje entendemos as contribuições positivas, digamos, do movimento dos direitos civis? Um movimento que levou uma série de ideias sobre dignidade humana até pessoas que antes não possuíam tal dignidade? Agora temos outro debate, outro debate social, sobre diferentes grupos e comunidades – nós tentamos transmitir um novo senso de dignidade para eles. Por que isso não será visto como uma coisa positiva daqui a uma geração?

STEPHEN FRY: Acho que as pessoas se lembrarão desse debate e se perguntarão por que o politicamente correto não foi discutido.

É interessante ouvir conversas sobre raça, sobre gênero e sobre igualdade, são coisas sobre as quais eu penso bastante e posso aprender muito, mas não foi para isso que vim a este debate. Eu estava interessado naquilo que sempre me interessou: a supressão da linguagem e do pensamento, o fechamento, a ideia racionalista que parece sedutora, de que, se você limitar a linguagem das pessoas, você talvez possa lhes ensinar uma nova forma de pensar, algo que deliciava os inventores da novilíngua em George Orwell, por exemplo.

E isso me parece simplesmente implausível, algo que não funciona. E foi a isso que me referi quando usei o termo "empírico". Isso não suporta um teste empírico; não é validado pela experiência, como podemos ver na paisagem política do presente, e me preocupa que talvez vejamos no futuro.

Então, fico meio desapontado que o tema tenha acabado girando em torno da academia, o que era previsível, porque é nesse tipo de cadinho que esses elementos são misturados. Mas ainda mais decepcionante do que isso, realmente, é que eu não tenha ouvido da Michelle ou do professor Dyson o que eles pensam que seja politicamente correto. Porque o que eles fizeram foi basicamente dizer: "Progresso, do nosso ponto de vista, é progresso". Bom, eu concordo. É isso mesmo. E que bom para o progresso!

Mas como é que o que chamamos de politicamente correto vocês chamam de progresso? É isso que vocês deveriam estar discutindo. Eu quero saber o que vocês acham que seja politicamente correto.

MICHELLE GOLDBERG: Há alguns meses, Rudyard, quando você entrou em contato comigo e perguntou se eu gostaria de participar de um debate sobre políticas identitárias e me apresentou a esse tema, eu disse que há muitas coisas que as pessoas chamam de politicamente correto que eu não defendo. Mas, então, eu vi com quem iria debater, e percebi que há muitas coisas que você, Jordan Peterson, chama de politicamente corretas que eu chamo de progresso. E, até certo ponto, você também, Stephen Fry. Sabe, quando você fala sobre ser ultrajante – ou não "ultrajante"; não vou colocar palavras na sua boca –, que não deveríamos estar derrubando estátuas de notórios racistas, mas, em vez disso, que deveríamos estar atirando ovos nelas. Esse tipo de coisa, se você as chama de politicamente corretas, eu chamo de progresso.

Agora, quanto a esse temor de estar sendo silenciado, que eu compreendo, embora pareça muito vago: você não está apontando o dedo para quem, de fato, está lhe silenciando, exceto pelo vago temor de que, se disser algo inapropriado, você sofrerá...

STEPHEN FRY: *Shaming*.

MICHELLE GOLDBERG: *Shaming*, mas por quem? Pela internet?

STEPHEN FRY: Não vou lhe dizer nenhum nome. O ponto é exatamente este: eu estou assustado. É uma cultura do medo.

MICHELLE GOLDBERG: Eu compreendo que haja esse elemento do medo. O que estou dizendo é que esse sentimento é um resultado intangível de...?

STEPHEN FRY: Ok, mas nós todos já vimos esse tipo de julgamento público, em que a pessoa se desculpa – "Tenho muito a aprender sobre políticas sexuais, eu realmente sinto muito". Assinado... o advogado. Riscado... o nome da pessoa.

O verdadeiro erro da nossa esquerda é que nós subestimamos a direita. A direita não é tão estúpida quanto nós gostaríamos que ela fosse. Se ao menos ela fosse. Ao menos se ela não fosse tão ardilosa, tão dissimulada, tão consciente das nossas deficiências.

E temo que o politicamente correto seja uma arma que eles valorizam: que quanto mais nós dissermos ao mundo como as pessoas devem ser tratadas – como a linguagem deve ser tratada, quais palavras e atitudes são aceitáveis, o que o departamento de recursos humanos vai lhe dizer em uma enorme lista catalogada sobre como olhar para as pessoas –, tudo isso é alimento e bebida para pessoas ruins, os malfeitores, os maus atores. Não estou me incluindo como um dos "maus atores" nesse sentido; quero dizer "maus atores" em outro sentido.

MICHELLE GOLDBERG: Há muitas coisas em relação às quais eu concordo com você, no entanto, para devolver a você, gostaria que me dissesse quais são as palavras que caíram em desuso que deveriam, na sua opinião, ser ressuscitadas. Para mim, essa é uma área de mudança social fervorosamente contestada neste exato momento, onde muitas pessoas sentem...?

STEPHEN FRY: Preciso dizer o seguinte sobre palavras que caíram em desuso: com muita frequência, são frases, slogans e jargões "heteronormativos", "cisgêneros", esse tipo de coisa. São apenas insultos. Imagine que você é uma jovem estudante chegando à universidade e alguém o bombardeia com essa hermenêutica despropositada e absurda que interpreta mal livros e interpreta mal Foucault e, se me permite dizer, interpreta mal Derrida, e assim por diante. Porque, você sabe, eu estava em Cambridge estudando literatura. Nós tivemos a nossa fase francesa, e há algum valor nisso. É um jogo interessante.

Acho que vou apenas dizer que, para mim, o fantasma rondando é uma carta que Oscar Wilde escreveu, e ele disse para Bosie, seu amante: "O fato de você nunca ter se formado não significa nada, mas você nunca adquiriu o que, às vezes, é chamado de estilo de Oxford". E disso que falo, o estilo universitário. Oscar disse: "Com isso, eu me refiro à habilidade de brincar graciosamente com ideias". Penso que isso esteja desaparecendo da nossa cultura, e creio que esse desaparecimento é algo terrível.

MICHAEL ERIC DYSON: É difícil ser o inglês autodepreciativo.

STEPHEN FRY: Você *não* faz ideia.

MICHAEL ERIC DYSON: Eu tive uma ideia muito boa aqui hoje. Todos nós estudamos História, mas o interessante é que eu não me lembro desses debates sobre politicamente correto ocorrendo quando as pessoas que estavam no topo tinham poder absoluto, poder inquestionável.

O politicamente correto se tornou um problema quando as pessoas que costumavam deter o poder, ou que ainda têm poder, mas pensam que não, são desafiadas só um pouco em relação ao que têm e não querem compartilhar – brinquedos no parquinho da vida. Então, de repente, isso se torna uma queixa exagerada.

Agora, as coisas que você apontou – as listas e os cisgêneros e a heteronormatividade e o heteropatriarcado e o ressurgimento do capitalismo e a insurreição dos conhecimentos subjugados, para dar a Foucault mais um pouco de amor, ou a desconstrução derridiana – todas essas coisas; a fase francesa ainda está na moda, junto com as batatas fritas,[15] nos Estados Unidos. O interessante é que não ouvi muitas reclamações de politicamente correto no auge da dominação de um ou outro grupo, mas quando Martin Luther King Jr. argumentou, como pessoa negra, a favor da identidade de grupo, para que ela oferecesse uma oportunidade para os indivíduos negros passarem ao primeiro plano, então aqueles grupos dominantes começaram a reclamar.

Agora, eles não chamavam de politicamente correto. "Você está se aliando com aqueles que são contra a liberdade de expressão; você está se aliando com

---

[15] Como se sabe, em inglês, "batatas fritas" são "french fries" (literalmente, "batatas francesas"). Daí o trocadilho feito por Dyson perder o sentido em português. (N. T.)

aqueles que não querem que eu, como indivíduo branco, seja reconhecido em minha humanidade." E o que eu considero politicamente correto é o tipo de política do *ressentimento* articulada por vários detentores do poder em certos níveis, em vários níveis.

Uma das coisas mais bonitas sobre Foucault é que ele disse que o poder irrompe em qualquer lugar. Achei que uma pessoa como você, crítica do politicamente correto, apreciaria isso. Em oposição a Max Weber, que disse que o poder está ali em uma estrutura hierárquica, onde subordinação é a exigência, Foucault disse: "Não, o poder irrompe mesmo entre pessoas que não têm poder". Ou seja, você pode machucar alguém da sua própria comunidade.

O que é mais politicamente incorreto do que um pregador batista, negro, identificando-se com um judeu palestino do século I e ainda amando ateus? O que é mais politicamente incorreto do que um intelectual negro ir ao programa do Bill Maher e defender sua aptidão para continuar a ter um programa, a despeito de usar a palavra que começa com "c"[16]?

Eu, senhor, acredito em uma versão politicamente incorreta do mundo. Quando eu, enquanto pastor batista negro, castigo meus companheiros crentes por sua homofobia, isso vai como uma nuvem de tijolos. Quando eu venho a arenas como essa, eu entendo que as minhas costas estão contra a parede, mas...?

STEPHEN FRY: Então venha aqui e se sente!

MICHAEL ERIC DYSON: Então, o interessante é que, quando vemos o que é encarado como politicamente correto em nossas sociedades – na livre sociedade canadense, na livre sociedade Norte-americana –, para mim é uma confusão enorme talhada da política do ressentimento, a qual advém do fato de que poderes outrora conservados não são mais conservados; liberdades outrora exercidas absolutamente agora devem ser compartilhadas.

Então, estou em concordância com os dois cavalheiros à minha direita, que acreditam que o politicamente correto tem sido um flagelo, mas não necessariamente da maneira como eles pensam. Penso que é um flagelo porque

---

[16] No original, *the n word*, isto é, *nigger*, que traduzo como "crioulo". (N. T.)

aqueles que têm sido os detentores do poder e os beneficiários do privilégio falharam em reconhecer sua maneira particular de agir. E, no fim das contas, penso que aqueles dentre nós que são cidadãos livres deste país e dos Estados Unidos devem descobrir formas de respeitar a humanidade do outro, respeitar a existência individual do outro, e também respeitar o fato de que barreiras foram colocadas diante de grupos específicos, impedindo-os de florescer. Isso é tudo o que entendo por politicamente correto.

RUDYARD GRIFFITHS: Antes que a gente vá para as falas de encerramento, Michelle, por favor, suas palavras finais sobre esse tópico, e depois você, Jordan.

MICHELLE GOLDBERG: Creio que parte da frustração aqui se deve ao fato de que vocês dois têm ideias radicalmente diferentes do que nós estamos falando quando falamos de politicamente correto. Parece-me que quando você, Stephen, fala sobre politicamente correto, você se refere àquele tipo de sensação de ansiedade que muitas pessoas sentem porque todos nós vivemos agora nesse terrível panóptico originado da multidão, o que lhe deixa preocupado que qualquer frase que você diga possa ser usada para difamá-lo, certo?

Acho que muitas pessoas sentem essa ansiedade. Discordo que seja algo que só está sendo perpetrado contra figuras despreocupadas à Oscar Wilde por um núcleo censório esquerdista, porque isso vem de todas as direções. Esse fenômeno – que é horrível – está em toda parte. Eu o sinto quando escrevo algo crítico à maneira como as Forças de Defesa de Israel se comportam em Gaza. Isso atinge a todos, e eu penso que, quando se trata de um certo tipo de figura e há um determinado conjunto de queixas, e você se sente injustamente criticado, e você se sente silenciado – o que é bem diferente de *ser* silenciado –, você chama de politicamente correto.

Eu também gostaria que a cultura fosse mais liberal. Você não vai fazer com que a esquerda acabe com isso porque é muito mais um fenômeno de massa das redes sociais do que uma imposição vinda do alto. Realmente, a única maneira de romper com isso é dizer o que você está com medo de dizer, certo? É o único jeito de estourar essa bolha, de acabar com essa ansiedade, ou pelo menos desarmá-la um pouco.

Quando ouço o Sr. Peterson falando sobre como o politicamente correto é algo muito mais amplo e muito mais fundamental para a mudança social. E você quer que eu defina – ou que um de nós fale sobre quando a esquerda passa dos limites. E eu com certeza não quero ser uma mulher colocando palavras na sua boca, mas se eu entendi corretamente, o que você está dizendo é que você quer que eu renuncie às categorias marxistas, ou para...?

JORDAN PETERSON: Isso é com você. Eu só quero que você *faça*. Eu quero que você defina quando a esquerda vai longe demais. Você pode fazer isso do jeito que achar melhor.

MICHELLE GOLDBERG: Penso que a esquerda vai longe demais quando é violenta e censuradora, quando ela tenta calar as pessoas, ou *no-platform* as pessoas, ou quando age com violência. Não sei o que mais você espera além disso.

JORDAN PETERSON: Algo mais profundo.

MICHELLE GOLDBERG: Algo mais profundo? Como?

JORDAN PETERSON: Eu gostaria que você lidasse com o conjunto de ideias esquerdistas que produziram todas as patologias da esquerda no século XX, e definisse como você acha que o pensamento padrão da esquerda, que ocupa um lugar valioso, vai longe demais, uma vez que ele obviamente vai.

MICHAEL ERIC DYSON: A direita já foi longe demais?

JORDAN PETERSON: Claro que a direita já foi longe demais.

MICHAEL ERIC DYSON: Como? Diga-nos como.

JORDAN PETERSON: Bem, que tal Auschwitz?

MICHAEL ERIC DYSON: O que mais? Mais recentemente, o que a direita fez de errado?

STEPHEN FRY: Charlottesville?

JORDAN PETERSON: Veja, eu não gosto nem um pouco de agentes das políticas identitárias. Não me importa se eles estejam na esquerda ou na direita. Eu tenho lecionado sobre o extremismo da direita por trinta anos. Não sou fã da direita, embora a esquerda goste de me pintar como se fosse, porque é mais conveniente para ela.

MICHAEL ERIC DYSON: Como a direita foi longe demais recentemente?

JORDAN PETERSON: Ela ameaça ir longe mais no identitarismo europeu, com certeza. Ela foi longe demais em Charlottesville; ela foi longe demais na Noruega. Qual o tamanho da lista que você quer? E por que eu tenho que fazer essa lista? Para mostrar a você que eu não gosto da direita identitária?

MICHAEL ERIC DYSON: Você me perguntou, então eu pensei em perguntar a você.

JORDAN PETERSON: Eu estava, na verdade, fazendo uma pergunta para você. Então, sua suposição é que eu esteja de algum modo do lado da direita. Olhe, a direita não ocupou as humanidades e as ciências sociais. Se tivesse ocupado, eu estaria fazendo objeções a ela.

MICHAEL ERIC DYSON: Diga isso outra vez. Eu não ouvi.

JORDAN PETERSON: A direita não ocupou as ciências sociais e as humanidades, coisa que a esquerda claramente fez – as evidências estatísticas que comprovam isso são esmagadoras.

MICHAEL ERIC DYSON: Então, e os testes de QI em termos de herança genética?

JORDAN PETERSON: Estamos aqui para falar sobre politicamente correto e fizemos um trabalho miserável.

MICHAEL ERIC DYSON: Oh, eu entendo. Eu te dei um exemplo e você não pode responder. Ok, tudo certo.

RUDYARD GRIFFITHS: Vamos todos nos redimir com as falas de encerramento. Vou marcar três minutos no relógio, e nós iremos na ordem contrária à da abertura. Então, Stephen, você é o primeiro.

STEPHEN FRY: Estou fascinado com a discussão. Está acontecendo um tremendo choque de culturas nessa conversa. Nós tivemos a clássica, se é que posso chamar assim, conversa de púlpito, de mascate vendedor de óleo de cobra. É um modo discursivo, um estilo retórico que eu acho infinitamente revigorante e vivificante. Mas não estou certo de que tenhamos de fato focado no ponto em questão. E minha objeção sempre foi direcionada às ortodoxias – eu sou heterodoxo e do contra, e não consigo evitar. E penso que se subestimou o fato de que a linguagem afeta, sim, as pessoas. Ela faz os jovens, em particular, ficarem muito ansiosos justo quando estão começando seus estudos ou suas carreiras profissionais. Faz com que eles fiquem muito raivosos, muito perturbados, muito alienados, sentindo que não sabem mais como funcionar no mundo, como se envolver em relacionamentos, como pensar honestamente. Então eles acrescem mais e mais aos seus próprios minigrupos. E eu creio que isso seja perigoso e infeliz para a sociedade. E penso que isso se reflete em uma escassez de cinema e literatura e arte, e de cultura em geral. Há um medo que está penetrando aí. E embora as pessoas possam falar com os acadêmicos e eles digam: "Você devia vir e assistir às nossas aulas; nossas palestras são abertas e gratuitas, e há trocas de ideias", tenho certeza de que isso é verdade, mas não acho que devíamos subestimar o quanto aquele sentimento é predominante em nossa cultura.

É um paradoxo estranho que os liberais sejam iliberais em sua reivindicação por liberalidade. Eles são exclusivos em sua demanda por inclusão. Eles são homogêneos em sua exigência de heterogeneidade. Eles são, de algum modo, não diversos em seu apelo à diversidade – você pode ser diferente, mas não diferente em suas opiniões, em sua linguagem e em seu comportamento. E isso é uma pena, terrivelmente.

Sinto que o debate tenha ficado um pouco acalorado em alguns momentos, porque eu tinha esperança de que não ficasse. Eu esperava que isso fosse um exemplo brilhante de como pessoas com os mais diferentes tipos de visões políticas pudessem falar com humor e inteligência e com um toque de leveza. Como disse G. K. Chesterton: "Anjos podem voar porque se conduzem com leveza".

E penso que seja muito importante para nós, que somos privilegiados – nós quatro, que somos privilegiados por estarmos aqui, por sermos convidados a estar aqui –, que nos conduzamos com um pouco mais de leveza, que não sejamos tão fervorosos, tão pomposos, tão sérios. E que não tenhamos tantas certezas.

É hora, penso eu, para realmente se comprometer com a dúvida emocionalmente plena, apaixonada e positiva. É nisso que eu insistiria. Obrigado.

RUDYARD GRIFFITHS: Michael, vou marcar três minutos no relógio para você.

MICHAEL ERIC DYSON: Muitíssimo obrigado por aquele elogio, irmão Fry. Estou acostumado que homens brancos, mas não só eles, que se deparam com uma inteligência negra articulada a um certo nível sintam uma espécie de condescendência. Certo tipo de facilidade verbal é automaticamente pressuposto como algo típico de mascates e vendedores de óleo de cobra. Já vi isso. Eu entendo. Eu recebo cartas de ódio todos os dias, escritas por irmãos brancos raivosos por eu estar lecionando para seus filhos. "Você só está tentando cooptar nossas crianças; você está tentando corrompê-las." Sim, estou tentando corrompê-las para que elas sejam incorruptíveis pela corrupção que herdaram de uma sociedade que se recusa a enxergar todas as pessoas como seres humanos.

As ameaças de morte que recebo constantemente apenas por tentar falar o que penso... não dizem respeito a uma sociedade politicamente correta que tem a mente aberta e alguma consternação para com a minha habilidade de falar. Eu recebo ameaças de morte reais e concretas – você queria algo empírico – que falam sobre me matar, sobre dar um jeito de me ferir e machucar, apenas porque eu optei por falar o que penso.

Concordo com meus *confrères* e compatriotas que nós deveríamos argumentar contra as perniciosas limitações e recursividades contrárias ao discurso. Acredito que todos temos o direito de poder nos expressar. E o privilégio enorme que temos por vir a um espaço como este significa que possuímos esse privilégio e devemos ser responsáveis por ele.

Não importa para onde iremos depois, eu e o irmão Peterson vamos a uma igreja batista negra. Vou fazer com que ele cumpra o que disse; ele falou isso em rede nacional. Nós vamos a uma igreja batista negra e teremos uma conversa esclarecedora sobre a necessidade de nos engajarmos não só em um engrandecimento mútuo e recíproco, mas também em uma crítica – mesmo que seja uma crítica dura e difícil. Mas de uma maneira que fale para as necessidades e os interesses daqueles que normalmente não aparecem na televisão, cujas vozes não são amplificadas, cujas ideias não são, em geral, levadas a sério. E quando eles chegarem aos escalões superiores da habilidade de uma sociedade para se expressar, estarão igualmente sujeitos a recriminações cruéis e resistência dolorosa.

Há uma velha história sobre um porco e uma galinha andando pela rua e dizendo: "Vamos tomar o café-da-manhã". Para fazer o café-da-manhã, a galinha só precisa botar um ovo, mas o porco tem que dar o próprio traseiro. Nós temos, com frequência, sido os porcos, dando o nosso traseiro para o café-da-manhã. Vamos começar a compartilhar os traseiros de todo mundo. Obrigado.

JORDAN PETTERSON: Não estou aqui para alegar que não existem coisas como opressão, injustiça, brutalidade, discriminação, uso abusivo do poder – todas essas coisas. Qualquer pessoa com bom senso sabe que estruturas hierárquicas se inclinam para a tirania, e que nós devemos estar constantemente alertas para assegurar que elas não se limitem ao poder e à tirania.

É interessante ouvir a referência a Foucault; é lamentável, mas interessante, porque Foucault, como seus *confrères* intelectuais franceses, acreditava essencialmente que a única base sobre a qual as hierarquias se estabelecem é o poder. E isso é parte da perniciosa doutrina politicamente correta sobre a qual venho falando. Quando uma hierarquia se torna corrupta, então a única maneira de ascender nela é exercitando o poder – esta é, em essência, a definição de tirania.

Mas isso não significa que as hierarquias imperfeitas que nós construímos em nossos países relativamente livres não se inclinem de algum modo, um pouco que seja, para a competência e a habilidade, como evidenciado pelas espantosas conquistas civilizacionais que nós conseguimos produzir. Isso não significa que a forma apropriada de diagnosticar essas hierarquias seja presumir sem reservas, de forma unidimensional, que todas elas têm a ver com poder e, por conseguinte, que todos que ocupam qualquer posição nelas são tiranos ou tiranos em formação. E esta é, por certo, a afirmação fundamental de alguém como Foucault. E é uma parte e uma parcela dessa catástrofe ideológica que é o politicamente correto.

Não estou aqui para argumentar contra o progresso. Não estou aqui para argumentar contra a igualdade de oportunidades. Qualquer pessoa com um pouco de inteligência compreende isso; mesmo que você seja egoísta, você está mais bem servido ao se permitir acesso à multiplicidade de talentos de todas as pessoas, e discriminá-las por razões arbitrárias não relacionadas às suas competências é abominável. Isso não tem nada a ver com a questão em pauta. Não é como se coisas boas não tivessem acontecido no passado e não devessem continuar a acontecer – não se trata disso. O ponto é aquilo que o meu compatriota Fry afirmou, que é: bem, nós podemos concordar quanto à catástrofe e podemos concordar quanto à desigualdade histórica, mas de maneira alguma vou concordar que o politicamente correto é a melhor forma de lidar com qualquer uma dessas coisas. E há inúmeras evidências do contrário, algumas das quais eu diria que foram demonstradas bem claramente esta noite.

MICHELLE GOLDBERG: Creio que uma das questões irresolvíveis que todos nós estamos enfrentando é o papel dos sentimentos, certo? Stephen Fry pediu que nós reconhecêssemos e tivéssemos empatia por sua sensação de estar sendo silenciado, de estar sendo ameaçado, e eu reconheço e tenho empatia por isso. Eu entendo. Também sinto o mesmo, às vezes, com os meus artigos. Odeio quando escrevo alguma coisa que coloca uma turba de tuiteiros no meu encalço. Mas e se, digamos, eu me levantar aqui e falar: reconheça o quanto muitas mulheres se sentem ameaçadas quando um dos intelectuais mais vendidos e proeminentes do mundo na atualidade diz em uma entrevista que talvez o movimento *#MeToo* tenha mostrado que todo esse experimento de homens e mulheres trabalhando juntos não esteja funcionando? Ou que, talvez, se as mulheres não querem que o ambiente de trabalho seja sexualizado, elas não devessem ter permissão para usar maquiagem?

JORDAN PETERSON: Eu não disse isso.

MICHELLE GOLDBERG: Foi em uma entrevista à *Vice*. Procure no Google.

JORDAN PETERSON: Eu não disse isso.

MICHELLE GOLDBERG: Se eu digo que me sinto ameaçada, então estou sendo "politicamente correta" e "histérica". Muita coisa do debate sobre politicamente correto, muita coisa da condenação do politicamente correto, é de pessoas dizendo: "Respeite meus sentimentos, ou acomode os meus sentimentos". E, até certo ponto, podemos acomodar os sentimentos de todos.

Mas há um grupo de pessoas que realmente acha que seus sentimentos deveriam ser acomodados, e é contra isso que nós continuamos a nos opor. Há um grupo de pessoas – e, até certo ponto, eu faço parte dele – que sente que apenas os seus sentimentos de serem silenciados, marginalizados e censurados precisam ter primazia; que nós podemos desdenhar quando esses *outros* grupos pedem que levemos a sério seus sentimentos de serem ameaçados, ou seus sentimentos de serem marginalizados. Então, nós chamamos essas exigências de "politicamente corretas".

Por fim, há uma quantidade razoável de pesquisas que mostram que as pessoas se tornam mais fechadas, mais tribais, quando se sentem ameaçadas, quando sentem que sua identidade de grupo está em risco. E então, por mais que você queira culpar a esquerda pela ascensão da direita, eu acho que a ascensão da direita – a ascensão das pessoas que estão questionando o ideal fundamental da democracia pluralista e liberal –, quanto mais *esses* pontos de vista se tornam populares, mais as pessoas irão se fechar em resposta, porque as pessoas estão *realmente* assustadas.

RUDYARD GRIFFITHS: Obrigado. Bom, em primeiro lugar, em nome de todos os debatedores, nós queremos agradecer à plateia. Vocês se envolveram, vocês foram civilizados na maior parte do tempo – e não tão civilizados de uma forma que nós gostamos. Então, em nome dos debatedores, obrigado a vocês. Este era um tópico desafiador e vocês fizeram um belo trabalho.

Também agradeço muitíssimo aos nossos debatedores. Uma coisa é fazer palestras comuns, coisa que todos vocês fazem, mas algo bem diferente é subir em um palco, em frente a uma plateia e uma enorme audiência televisiva, e ter suas ideias contestadas em tempo real. Então, a todos vocês, obrigado por aceitar o nosso convite para vir aqui hoje.

Algumas observações finais: primeiro, obrigado à Aurea Foundation e à família Munk por uma vez mais nos reunir aqui na Roy Thomson Hall. Faremos tudo de novo no próximo outono.

Todos aqui na plateia têm uma cédula – vocês podem votar a caminho da saída. Teremos os resultados para vocês em breve. Vamos apenas dar mais uma olhada rápida em como estava a sua opinião no começo do debate de hoje. Sobre a moção "Fica decidido que o que você chama de politicamente correto eu chamo de progresso", 36% concordavam, 64% discordavam. E, de novo, vimos uma grande parcela do público disposta a mudar de ideia – 87%. Então, vamos ver como os embates desta noite afetaram o seu voto.

***

Resumo: os votos pré-debate foram 36% a favor da resolução e 64% contra. O voto final mostrou 30% a favor da moção e 70% contra. Uma vez que mais votantes passaram para o time contrário à resolução, a vitória é de Stephen Fry e Jordan Peterson.

Entrevistas pós-debate com o mediador Rudyard Griffiths

Stephen Fry e Jordan Peterson conversam com Rudyard Griffiths

RUDYARD GRIFFITHS: Cavalheiros, obrigado. Gostaria de registrar as suas reações ao debate. Comecemos por você, Jordan. Tivemos alguns momentos acalorados ali. Isso lhe surpreendeu, as discussões que você teve com Michael Eric Dyson?

JORDAN PETERSON: Bem, suponho que sim. Apenas não me pareceu uma jogada tática muito boa, sabe. Mantenho o que disse: não vejo qualquer razão para que a minha identidade racial seja arrastada para a discussão, independentemente das minhas tendências pessoais.

Como eu disse para o Sr. Fry há pouco, foi um prazer dividir o palco com ele. Raramente ouvi alguém expressar suas convicções com um senso tão marcante de paixão, sagacidade, tolerância e erudição – foi realmente especial.

RUDYARD GRIFFITHS: E, Stephen, um debate desafiador, porque de certa forma estávamos tentando mesclar duas visões de mundo diferentes aqui, uma delas mais focada em políticas identitárias, identidade de grupo. Você, num certo sentido, investiu em uma discussão muito mais ampla, sobre a cultura em si mesma e o conteúdo e o tom da conversa.

STEPHEN FRY: Sim, fiquei preocupado que estivesse alheio ao foco, mas alheio e bem específico – que eu apenas tivesse levado muito ao pé da letra a ideia popular de politicamente correto como uma espécie de controle da linguagem e o cancelamento de certas expressões, ou a introdução de outras. E aquilo que se faz no dia a dia dos departamentos de recursos humanos das corporações e esse tipo de coisa.

Então, fiquei um pouco desapontado que tenha se tornado um debate sobre raça e sobre gênero, e assim por diante. Mas era natural que isso acontecesse, acho. E a verdade é que eu continuo esquerdista, mas um esquerdista brando.

RUDYARD GRIFFITHS: Você não é tão brando!

STEPHEN FRY: Sou flácido e mole em todos os sentidos. E eu percebi que isso não é um ponto de vista político, mas pessoal.

RUDYARD GRIFFITHS: Certo.

STEPHEN FRY: E a lacuna entre o que é pessoal e o que é político, que é um espaço sobre o qual você, como psicólogo, está obviamente muito interessado, é algo raramente explorado. Ou as pessoas são tão pessoais que o que elas dizem não têm aplicação no mundo exterior e na organização dos assuntos humanos, ou elas são tão políticas e focadas na estrutura e na distinção entre as hierarquias e redes e por aí afora que se esquecem do que é individual. E é nesse espaço que os liberais fervorosos vivem, e isso não é fácil, pois com frequência você soa muito insosso. E tenho consciência de que soei assim. Mas eu apreciei isso.

RUDYARD GRIFFITHS: Bem, obrigado a vocês dois pela presença. Por fim, antes de liberá-los para que merecidamente bebam alguma coisa, você acha que faltou alguma coisa para dizer, Jordan? Qualquer coisa que você quisesse falar, mas não tenha tido tempo ou oportunidade para fazê-lo?

JORDAN PETERSON: Não, creio que não. Eu disse o que tinha para dizer.

RUDYARD GRIFFITHS: Pergunto o mesmo para você, Stephen?

STEPHEN FRY: Não, creio que consegui dizer tudo. Quer dizer, há tanta coisa para se dizer sobre esse tema, e eu só queria frisar aquilo que eu quero – como tudo, é algo muito simples –, nós queremos que o mundo seja mais solidário, mais justo, mais gentil, mais generoso. Mas a questão é como se chega lá, e sinto que isso não foi abordado de fato.

RUDYARD GRIFFITHS: Bem, senhores, muito obrigado aos dois.

Michael Eric Dyson e Michelle Goldberg conversam com Rudyard Griffiths

RUDYARD GRIFFITHS: Agora temos Michael Eric Dyson e Michelle Goldberg falando sobre suas reações ao debate.

Então, Michael e Michelle, obrigado por fazer parte disso.

MICHELLE GOLDBERG: Obrigada.

RUDYARD GRIFFITHS: Politicamente correto é um tema complicado; tem muitas peças em movimento, muitos elementos. Penso que abordamos algumas das partes constituintes. Talvez possamos começar por você, Michelle. Há alguma coisa que você quisesse falar no palco, mas não tenha tido tempo ou oportunidade para fazê-lo?

MICHELLE GOLDBERG: Bem, a única coisa em que eu consigo pensar é que gostaria que tivéssemos ido um pouco mais a fundo no que diz respeito ao gênero, particularmente com o Sr. Peterson e o alcance do progresso feminista, que ele considera politicamente correto. Acho que parte da frustração é que ele e Stephen Fry estavam falando a respeito e defendendo um conjunto bem discreto de ideias, com algumas diferenças. E uma das coisas difíceis sobre o politicamente correto é que se trata de um termo escorregadio, que nos insta a falar sobre uma grande variedade de fenômenos.

RUDYARD GRIFFITHS: Sim, e para encerrar discussões e iniciar discussões. Como você se sentiu, Michael? Houve momentos ali de discussão acirrada. Gostamos disso nos debates Munk; aqui não é lugar para se encolher e ficar intimidado. Você tem algum pensamento que não expressou, qualquer coisa que queira pontuar agora?

MICHAEL ERIC DYSON: Bem, eu penso que nós devemos responsabilizar intelectualmente as pessoas, e o Sr. Peterson negando para Michelle algumas das coisas que disse e se apresentando de uma certa maneira, sem repetir algumas das coisas terríveis que disse sobre mulheres e outras minorias, isso exige uma resposta engajada para ele.

A frustração expressa pelo sr. Fry, de que falamos sobre tudo, menos politicamente correto – bem, a verdade é que o politicamente correto recai sobre alguns trabalhos políticos sérios que precisam ser feitos nessa cultura, no Canadá e nos Estados Unidos. E o que eu estava tentando dizer é que não tivemos o politicamente correto enquanto homens brancos e heterossexuais estavam no poder. Não havia discussões sobre "tirar essas coisas a limpo". Mas quando as pessoas que não têm mais o poder absoluto ainda detêm o poder dominante, então há uma discussão.

Quanto ao que Michelle falou – sobre gênero, ambiente de trabalho, raça, sexualidade e afins –, acho apenas que foi um debate desnecessariamente intenso, às vezes com palavras duras, entre todos nós.

RUDYARD GRIFFITHS: Michelle, suas últimas considerações?

MICHELLE GOLDBERG: Bem, se você está curioso sobre a fala de Peterson que eu mencionei, sobre como esse experimento com homens e mulheres trabalhando juntos talvez não esteja funcionando, por favor, pesquise no Google. É de uma entrevista à *Vice*.

Stephen Fry e eu provavelmente poderíamos nos sentar do mesmo lado em um outro debate. Mas eu sinto que a expressão "politicamente correto" se expandiu e cobre uma enorme variedade de desafios. Acho mesmo interessante o quanto as pessoas falaram sobre seus sentimentos, porque quando mulheres falam sobre seus sentimentos, isso é "excesso politicamente correto". E quando homens falam sobre esse sentimento que não conseguem definir empiricamente, todos devemos mudar em deferência a isso.

RUDYARD GRIFFITHS: Ok, pessoal, ótimas ideias. Vamos todos beber alguma coisa na recepção.

MICHELLE GOLDBERG: Obrigada.

MICHARL ERIC DYSON: Vamos fazer isso, sim.

Agradecimentos

Os Debates Munk são um produto do espírito público de um notável grupo de organizações e indivíduos com consciência cívica. Em primeiro e mais importante lugar, esses debates não seriam possíveis sem a visão e a liderança da Aurea Foundation. Fundada em 2006 por Peter e Melanie Munk, a Aurea Foundation apoia indivíduos e instituições canadenses envolvidos no desenvolvimento das políticas públicas. Os debates são a iniciativa mais conhecida da fundação, um modelo para uma espécie de política substantiva de discussão pública que os canadenses podem incentivar globalmente. Desde a criação dos debates em 2008, a fundação tem assumido os custos completos de cada evento semestral. Os debates também têm se beneficiado das contribuições e orientações dos membros do conselho da fundação, incluindo Mark Cameron, Andrew Coyne, Devon Cross, Allan Gotlieb, Margaret MacMillan, Anthony Munk, Robert Prichard e Janice Stein.

Por sua contribuição à edição preliminar deste livro, os organizadores do debate gostariam de agradecer a Jane McWhinney.

Desde a sua criação, os Debates Munk têm procurado levar as discussões que acontecem em cada evento para audiências nacionais e internacionais. Nisso, os debates têm se beneficiado imensuravelmente de uma parceria com o jornal nacional canadense, o *Globe and Mail*, e o aconselhamento de seu editor-chefe, David Walmsley.

Com a publicação deste livro esplêndido, a House of Anansi Press está ajudando os debates a alcançarem novos públicos no Canadá e ao redor do mundo. Os organizadores do debate gostariam de agradecer ao diretor da Anansi, Scott Griffin, e à presidente e editora Sarah MacLachlan, pelo seu entusiasmo com o projeto deste livro e por suas ideias sobre como traduzir o debate falado para uma poderosa discussão intelectual na forma escrita.

Sobre os debatedores

MICHAEL ERIC DYSON é escritor, professor e comentarista. Ele leciona Sociologia na Universidade de Georgetown, apresenta o aclamado *The Michael Eric Dyson Show* na National Public Radio (NPR) e é editor contribuinte da *New Republic* e do website *The Undefetead*, da ESPN. Ele escreveu mais de uma dúzia de livros sobre questões relacionadas a raça, cultura e política nos Estados Unidos, incluindo o recente *Tears We Cannot Stop: A Sermon to White America*, best-seller do *New York Times*.

MICHELLE GOLDBERG é colunista do *New York Times*, jornalista e autora de best-sellers. Moradora do Brooklyn, Goldberg é mestre em Jornalismo pela Universidade da Califórnia em Berkeley, é comentarista frequente na MSNBC e já publicou artigos na *New Yorker*, na *Newsweek*, na *Nation*, na *New Republic* e no *Guardian*. Ela é autora de três livros, incluindo o premiado *Kingdom Coming: The Rise of Christian Nacionalism*.

O inglês STEPHEN FRY é ator, roteirista, escritor, dramaturgo, jornalista, poeta, comediante e diretor de cinema. Fry estudou Literatura Inglesa na Universidade de Cambridge. Ele é conhecido por interpretar Lord Melchett e outros personagens na série cômica de televisão *Blackadder* e o poeta irlandês Oscar Wilde no filme *Wilde – O Primeiro Homem Moderno* (1997). Fry também escreveu e apresentou diversas séries de documentários, incluindo *Stephen Fry: The Secret Life of the Manic Depressive*, vencedora do Emmy.

JORDAN PETERSON é psicólogo clínico, professor de Psicologia na Universidade de Toronto e autor de *12 Regras para a Vida: Um Antídoto para o Caos*. Peterson obteve seu doutorado em Psicologia Clínica pela Universidade McGill e foi chamado pelo *Spectator* de "um dos mais importantes pensadores a surgir no palco mundial em muitos anos". Seu programa on-line de autoajuda *The Self Authoring Suite* e suas palestras foram vistos por mais de 40 milhões de pessoas no YouTube.

Sobre o editor

RUDYARD GRIFFITHS é o presidente dos Debates Munk e membro sênior da Munk School of Global Affairs and Public Policy. Em 2006, ele foi nomeado uma das quarenta pessoas mais influentes com menos de quarenta anos (*Top 40 under 40*) pelo jornal *Globe and Mail*. Ele editou treze livros sobre história, política e relações internacionais, incluindo *Who We Are: A Citizen's Manifesto*, considerado pelo *Globe and Mail* um dos melhores livros de 2009 e finalista do Prêmio Shaughnessy Cohen para livros sobre política. Ele vive em Toronto com a esposa e os dois filhos.

Sobre os debates Munk

Os Debates Munk são os eventos sobre políticas públicas mais importantes do Canadá. Realizados semestralmente, os debates oferecem a pensadores proeminentes um fórum global para discutir as principais questões de políticas públicas enfrentadas pelo mundo e pelo Canadá. Cada evento acontece em Toronto, diante de uma plateia, e recebe uma cobertura pelas mídias nacional e internacional. Entre os participantes dos debates mais recentes, estão Anne Applebaum, Louise Arbour, Robert Bell, Tony Blair, John Bolton, Ian Bremmer, Stephen F. Cohen, Daniel Cohn-Bendit, Paul Collier, Howard Dean, Alain de Botton, Hernando de Soto, Alan Dershowitz, E. J. Dionne, Maureen Down, Gareth Evans, Nigel Farage, Mia Farrow, Niall Ferguson, William Frist, Newt Gingrich, Malcolm Gladwell, Jennifer Granholm, David Gratzer, Glenn Greenwald, Stephen Harper, Michael Hayden, Rick Hillier, Christopher Hitchens, Richard Holbrooke, Laura Ingraham, Josef Joffe, Robert Kagan, Garry Kasparov, Henry Kissinger, Charles Krauthammer, Paul Krugman, Arthur B. Laffer, Lord Nigel Lawson, Stephen Lewis, David Daokui Li, Bjørn Lomborg, Lord Peter Mandelson, Elizabeth May, George Monbiot, Caitlin Moran, Dambisa Moyo, Thomas Mulcair, Vali Nasr, Alexis Ohanian, Camille Paglia, George Papandreou, Steven Pinker, Samantha Power, Vladimir Pozner, Robert Reich, Matt Ridley, David Rosenberg, Hanna Rosin, Simon Schama, Anne-Marie Slaughter, Bret Stephens, Mark Steyn, Kimberley Strassel, Andrew Sullivan, Lawrence Summers, Justin Trudeau, Amos Yadlin e Fareed Zakaria.

Os Debates Munk são um projeto da Aurea Foundation, uma organização beneficente estabelecida em 2006 pelos filantropos Peter e Melanie Munk a fim de promover a pesquisa e a discussão acerca das políticas públicas. Para mais informações, acesse www.munkdebates.com.

Sobre as entrevistas

As entrevistas de Rudyard Griffiths com Michael Eric Dyson, Michelle Goldberg, Stephen Fry e Jordan Peterson foram gravadas em 18 de maio de 2018. A Aurea Foundation agradece à permissão para republicar excertos do que se segue:

(p. 11)
Entrevista com Michael Eric Dyson, por Rudyard Griffiths.
Copyright © 2018 Aurea Foundation. Transcrição: Transcript Heroes.

(p. 19)
Entrevista com Michelle Goldberg, por Rudyard Griffiths.
Copyright © 2018 Aurea Foundation. Transcrição: Transcript Heroes.

(p. 25)
Entrevista com Stephen Fry, por Rudyard Griffiths.
Copyright © 2018 Aurea Foundation. Transcrição: Transcript Heroes.

(p. 31)
Entrevista com Jordan Peterson, por Rudyard Griffiths.
Copyright © 2018 Aurea Foundation. Transcrição: Transcript Heroes.

Você poderá interessar-se também por:

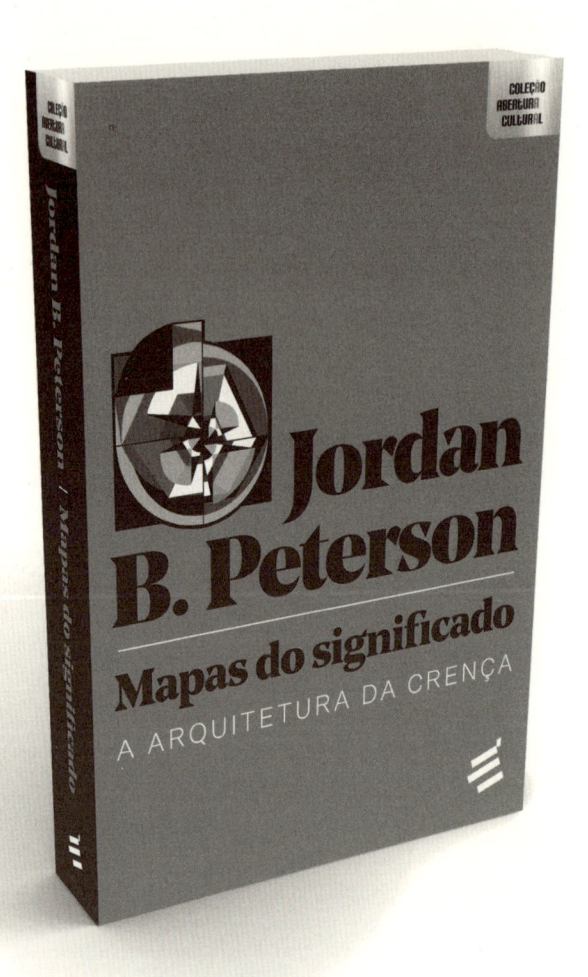

Jordan B. Peterson
Mapas do significado
A ARQUITETURA DA CRENÇA

Os milhões de espectadores das entrevistas de Jordan Peterson no YouTube são unânimes em reconhecer a sua serenidade e a sua perspicácia. A pergunta que, diante disso, os mais inteligentes dos seus admiradores se fazem é qual visão de mundo, quais posições teóricas, quais influências intelectuais proveem suporte a tal postura e a tais opiniões. E a resposta está em uma teoria original sobre as próprias visões de mundo: *Mapas do Significado*, a obra-prima do psicólogo canadense, é um tratado multidisciplinar sobre como surgem as crenças humanas e sobre como elas influenciam nosso comportamento diário.

facebook.com/erealizacoeseditora twitter.com/erealizacoes instagram.com/erealizacoes youtube.com/editorae

issuu.com/editora_e erealizacoes.com.br atendimento@erealizacoes.com.br